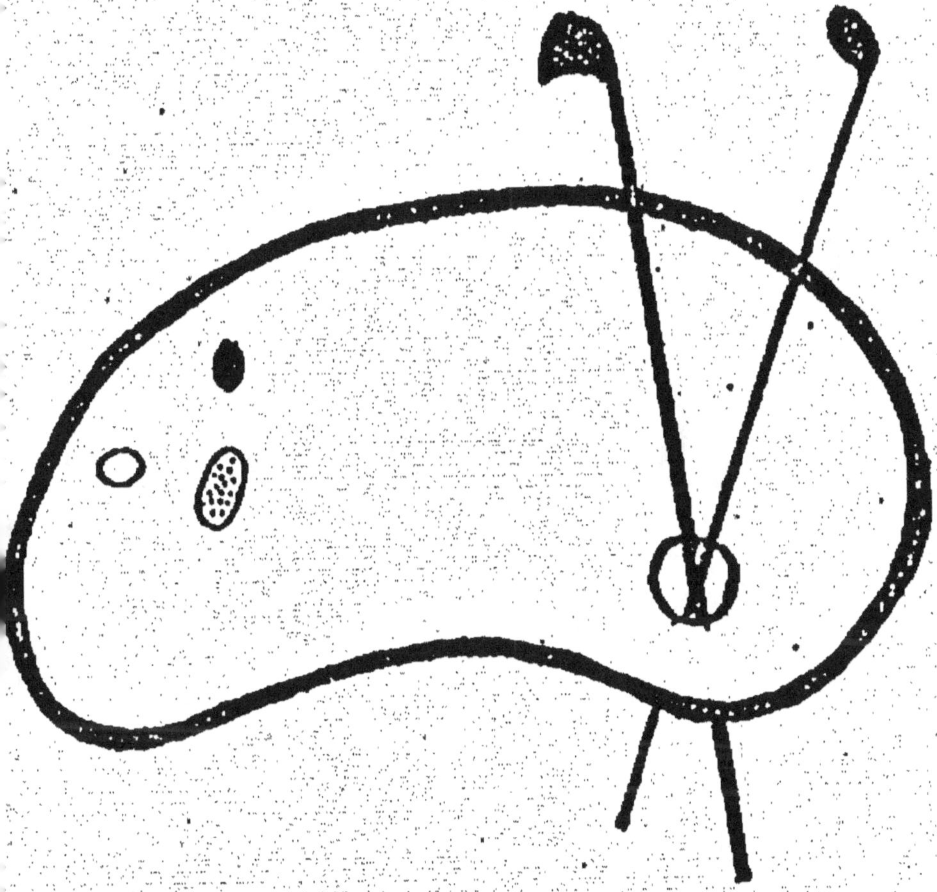

DEBUT D'UNE SERIE DE DOCUMENTS
EN COULEUR

Catholicisme et Laïcisme

Les Bagnes de la Douleur

Prix : 50 centimes

Abbé EYRAUD

EN PRÉPARATION

Les Lycées de Filles.
Le Rayonnement de la France.
L'Église de France sent-elle le cadavre?
La Franc-Maçonnerie.
La Tolérance Maçonnique.
Le Mauvais Journal.
Le Bon Journal.
Les Prodiges de Lourdes.

Vient de paraître :

La Laïcisation des Hôpitaux. In-12 de 128 pages. Prix : 1 franc.

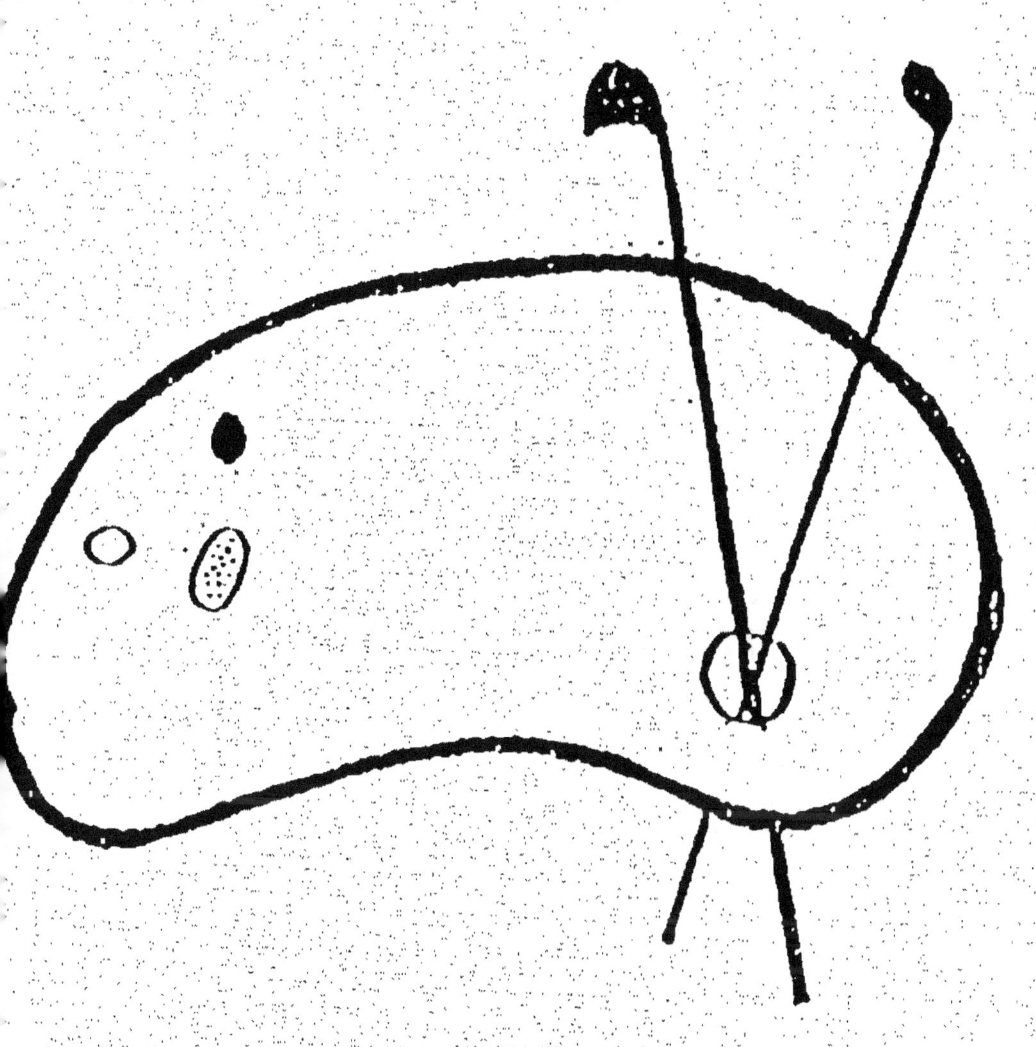

FIN D'UNE SÉRIE DE DOCUMENTS
EN COULEUR

Les Bagnes de la Douleur

Les Bagnes
de la Douleur

Abbé EYRAUD

Depuis trente ans, le Laïcisme compose, à la gloire du Catholicisme, une brillante apologie. C'est un peu l'histoire de Balaam, qui, parti pour maudire le peuple de Dieu, fut contraint à le bénir.

Il suffit de voir l'effroyable lutte, dont la France est le théâtre, pour juger aussitôt que le Laïcisme est un principe de faiblesse et de désolation, de ruine et de mort, tandis que le Catholicisme est, au contraire, une source féconde de vie et de bonheur, de puissance et de gloire. De là à conclure que l'un est un monstrueux assemblage d'erreurs, et l'autre un magnifique trésor de vérités, il n'y a plus qu'un pas.

C'est que M. l'abbé Eyraud entreprend d'établir par une série de conférences.

Sa méthode consiste à ne s'appuyer guère que sur des témoignages, des chiffres et des faits, recueillis, au jour le jour, dans la lecture des feuilles quotidiennes. Tout au plus prend-il la peine de les ordonner et de les unir. Saint François de Sales disait de ses Commentaires : « Il n'y a presque rien du mien que le fil et l'aiguille; le reste ne m'a coûté que le coudre et recoudre. » M. l'abbé Eyraud pourrait avec mille fois plus de raison tenir le même langage.

Souvent il laisse à ses notes la forme personnelle que le publiciste leur avait donnée. Si, d'aventure, elles lui valent des compliments, il en jouira, comme ce brave homme dont parle Mᵐᵉ Julie Lavergne. Gardien d'une galerie de tableaux, il disait à tous ceux qui s'extasiaient devant les Raphaël, les Van Dyck et les Ribeira : « C'est pourtant moi qui les ai tous accrochés. »

Puissent ces pages contribuer à la gloire de Dieu et au bien des âmes! C'est l'unique vœu du conférencier.

Les Bagnes
de la Douleur

Mesdames,
Messieurs,

Achevons enfin notre réquisitoire contre la laïcisation des hôpitaux. Je vous ai déjà montré, avec des témoignages, des chiffres et des faits, que l'entreprise n'était pas heureuse, puisqu'elle coûtait beaucoup plus et valait beaucoup moins. Mais ces derniers mots, qui pourtant légitiment tous les soupçons, ne laissent point deviner les affreuses tortures de nos pauvres malades. Il se commet, là, derrière les murailles de ces hôpitaux, des atrocités qui déconcertent toute imagination.

Au mois de mars 1907, le syndicat du personnel non gradé publiait en tête de son journal une page symbolique. D'un côté, on voit M. Mesureur qui, étendu mollement dans un bon fauteuil, fume un gros cigare et déguste un verre de liqueur ; de l'autre, d'accortes infirmières, d'allure plutôt provocante, déclarent au concierge du bagne qu'elles ne rentreront qu'à leur convenance.

Le bagne, dans cette charmante allégorie, c'est l'hôpital.

Eh bien ! Ce mot, lancé sous forme de boutade, je l'arrête au passage et je le prends à mon compte. Votre esprit de justice s'en offensera peut-être, bien à tort; car tout à l'heure, après m'avoir entendu, l'hôpital laïcisé ne vous paraîtra plus un bagne, mais un enfer.

Fidèle au conseil de Paul Bourget, j'invoquerai seulement des faits. Sans doute on me blâmera de prêter une oreille trop facile aux journalistes qui, aveuglés maintes fois par la passion politique et n'ayant presque jamais le temps de contrôler leurs récits, ne méritent pas tant de confiance. La *Lanterne* et les *lanterniers* prétendront que j'ai tiré tous mes documents de la *Croix*, journal des calotins, et que par suite je ne vaux seulement pas d'être écouté.

Me fallait-il donc interroger les journaux qui, inféodés au Bloc, ont juré de défendre à tout prix l'œuvre de laïcisation et de fermer les yeux sur toutes ses monstruosités ?

Il est facile de vouer au mépris public, avec de grossières injures, nos feuilles cléricales : les convaincre de mensonge le serait beaucoup moins.

Vous observerez, d'ailleurs, que je mets souvent à contribution les mécréants. Le forfait dépasse tellement parfois toute mesure, que les écrivains les plus asservis n'arrivent pas toujours à contenir leur indignation.

J'accorde même que ces récits, composés à la hâte dans le feu d'une course, renferment une pointe d'exagération, une légère inexactitude. Il n'en reste pas moins établi que, sans concert préalable, des cris de colère dénoncent à la fois, sur tous les points du pays, les hôpitaux laïcisés, et que ces cris partent souvent de ceux-là mêmes que l'intérêt de leur cause obligerait à se taire. En vérité, que demandez-vous encore pour traîner aux gémonies les artisans de cette œuvre satanique ?

Vous allez voir que le châtiment ne serait pas trop fort.

1. -- *Les Bagnes de l'âme*

L'école matérialiste a beau dire et beau faire : l'homme n'est pas seulement vile matière ni pur animal. Il a aussi une âme, dont les aspirations et les tendances débordent notre univers, une âme qui exerce sur le corps un mystérieux empire. Vous l'avez ressenti plus d'une fois, et nul ne démentira cette parole d'une vérité si profonde : « L'âme se fait son corps. »

Les médecins eux-mêmes en conviennent. Aux heures de maladie, que l'âme soit sereine, confiante, joyeuse, et le péril diminue; il arrive même souvent que ces dispositions ouvrent les voies au retour de la santé. Dans son *Traité pratique de Psychotérapie*, livre qu'il publiait naguère, le Dr Burlureaux ne reconnaît-il pas au sentiment religieux une grande puissance de guérir ?

Vous entrevoyez déjà une cruauté de nos laïcisateurs. Où leurs malades prendront-ils ces principes de salut ? Où prendront-ils seulement un grain de joie, un grain de consolation, loin de leur foyer, loin de tous les êtres chers, entre ces froides murailles qui glacent le cœur, parmi toutes ces images de la douleur et de la mort, au milieu de ces mercenaires qui les regardent comme autant de boulets où se trouve rivée leur vie de galérien ?

Autrefois, il y avait le *crucifix*, qui remettait en mémoire à nos pauvres malades, avec le drame si touchant de la Passion, les plus délicats souvenirs de leur enfance et de leur vie. Un simple regard sur ce front couronné d'épines, sur ce corps sanglant et déchiré, calmait les violences de la fièvre, adoucissait les amertumes de l'abandon, apaisait les inquiétudes du cœur.

Témoin ce trait, raconté par un administrateur des hôpitaux de Marseille :

Visitant l'établissement, celui-ci pénétrait dans une chambre de pensionnaire où un crucifix, échappé aux pillages des vandales gouvernementaux, était appendu à la muraille.

Le surveillant général, subitement embarrassé, crut être agréable à son chef en ordonnant d'enlever cet emblème. L'administrateur s'y opposa formellement en assurant que ce n'est pas lui qui taquinerait sur ce point.

Respirant plus à son aise, le surveillant expliqua alors pourquoi ce Christ seul était resté accroché au mur :

« Récemment on apportait à l'hôpital une pauvre femme qui devait être opérée; on l'installa dans cette petite chambre, et son premier cri en apercevant la divine image fut : « Ah! quel bonheur « que les misérables aient oublié cette croix ici! Je me sens « soulagée et réconfortée rien que de la voir. » (*Croix*, 22 mars 1905.)

Autrefois, il y avait des *religieuses*, qui donnaient aux malades un amour de sœur et de mère. Que de paroles encourageantes le patient recevait de leur bouche, et, de leurs mains, que d'aimables câlineries! Rien que la sérénité de leur front, la tendresse de leurs yeux et la musique de leur voix, rien que le sourire de leurs lèvres et la sainteté de leur robe pénétraient son âme de paix et de joie. Il ne se sentait plus au fond d'une morne solitude : une mère, une sœur veillait à présent sur lui.

Autrefois, enfin, il y avait le *prêtre*... ce prêtre délaissé, injurié même aux jours du bonheur, et que l'on avait grande joie maintenant à retrouver. Il venait avec ses paroles de lumière, ses richesses de pardon, ses promesses d'avenir; et les remords expiraient sous sa main bénissante, et, derrière lui, fleurissait toujours une sérénité joyeuse, divine, qui multipliait l'influence des remèdes. Bien des malades lui durent ainsi, pour une bonne part, le retour à la santé.

La mort se disposait-elle à prendre une victime, le prêtre

était encore là pour verser au cœur de l'agonisant les espérances de l'immortalité. Chateaubriand nous a peint avec de sublimes couleurs ce départ de l'âme chrétienne; mais, sur nos lits d'hôpital, quand la religion était assise à leur chevet, la scène grandiose et touchante se renouvelait chaque jour. L'âme s'envolait radieuse, ivre déjà du bonheur annoncé.

« Mômeries que tout cela ! » s'écrieront avec des airs transcendants nos libres penseurs. — Mômeries tant qu'il vous plaira, mes beaux Messieurs ! N'empêche que ces mômeries avaient autrement de pouvoir que vos doctrines matérialistes pour adoucir au cœur du malheureux les affres de l'agonie et les horreurs de la mort.

*
**

Méditez donc un peu ces quelques traits que je cueille partout, au Maroc, en Crimée, au Tonkin, en Algérie, quelquefois sous la plume d'écrivains rationalistes.

A tout seigneur tout honneur. Laissons d'abord la parole à Maxime du Camp.

Il y a bien longtemps, sur la frontière du Maroc, aux environs d'Ouchda, j'ai vu mourir un soldat sur le champ de bataille. J'avais suivi une expédition. On était en escarmouche avec une fraction de tribu, qui était, je crois, celle des Beni-Snassem. Un zouave était tombé, frappé d'une balle qui lui avait traversé la poitrine. Il s'était traîné jusqu'à une touffe de chênes nains, contre laquelle il cherchait à s'adosser. Je l'avais aperçu, j'étais descendu de cheval, et j'essayais un pansement inutile. Le pauvre homme secouait la tête et disait :

— J'ai mon affaire.

L'aumônier, un Père Jésuite, à longue barbe noire, le vit et accourut. Je voulus m'éloigner; le soldat dit :

— Ce n'est pas la peine, soutenez-moi.

Je me plaçai derrière lui, je m'agenouillai, et, le prenant dans mes bras, je l'accotai contre ma poitrine. J'ai entendu la confession, elle ne fut pas longue. Le prêtre tutoyait le moribond et lui parlait en langage de caserne :

— Tu t'es soûlé ?

— Oui.

— Tu as fait les cent dix-neuf coups ?

— Oui.

— Tu as chapardé ?

— Oui.

— As-tu volé ?

— Non.

— Tu as aimé le régiment ?

— Oui.

— Tu as été fidèle au drapeau ?

— Oui.

— Tu t'es bien battu ?

— Oui.

— Tu meurs de bon cœur pour la France ?

— Oui.

— Sois en repos, mon vieux; le ciel est fait pour les braves comme toi. Dieu t'attend!

Il l'embrassa; je sanglotais. Les traits du soldat étaient illuminés; ses yeux, pleins d'extase, regardaient le ciel, et le regardèrent jusqu'à la seconde où ils se fermèrent pour toujours. Voilà quarante ans de cela; j'ai encore dans l'oreille le son de voix affaibli du blessé, et je revois l'expression de béatitude qui éclairait son visage.

Lorsque, en 1854, pendant notre glorieuse guerre de Crimée, le typhus et le choléra décimaient nos régiments, une légion de Filles de la Charité accourut au premier appel. Or, l'effet moral produit dans l'armée par l'arrivée des Sœurs fut immense.

Les soldats avaient horreur des hôpitaux desservis par des mercenaires; c'était pour eux comme le vestibule du tombeau. A peine les Sœurs y furent-elles installées, que leurs dispositions changèrent. Ils se crurent presque au sein de leur famille.

Figurez-vous, disait un commandant, que, avant l'arrivée des Sœurs, j'étais obligé de faire porter de force mes matelots à l'hôpital, et, quelquefois, de les faire lier pour vaincre leur résistance, tant ils étaient persuadés qu'ils ne reverraient plus le navire. Mais, depuis qu'elles sont venues, je n'ai plus de malades à bord; ils demandent eux-mêmes au docteur à être transportés à l'hôpital, et croient qu'il leur suffira d'y entrer pour être guéris. (*Vie de M. Étienne.*)

De fait, c'est souvent la guérison, c'est toujours l'espérance, la consolation et la miséricorde qui viennent sourire au milieu de tant de misères. Les Sœurs ajoutent à l'intrépidité de leur zèle cette allégresse de l'amour, cette grâce de l'innocence, cette compassion, ce charme indicible, qui est quelque chose de plus que la femme et que la chrétienne, qui est la Fille de saint Vincent.

**
**

Aussi quelle affection réciproque des Sœurs et des soldats ! Lorsqu'une religieuse meurt, ce sont les soldats qui portent sa bière; ils se relayent, pour que chaque compagnie, s'il se peut, ait l'honneur de ce précieux fardeau. Ils sollicitent la faveur de l'inhumer dans leur cimetière. Ailleurs, c'est la Sœur elle-même qui demande d'être enterrée parmi les soldats.

« Venez souvent, ma Sœur, disait un soldat malade; toutes les fois que vous entrez dans la salle, il me semble voir la France et ma mère. »

Savez-vous pourquoi Lamoricière saluait toujours les Sœurs de charité ? Lui-même va nous l'apprendre.

Le premier siège de Constantine, entrepris par le maréchal Clausel, avait été un échec. Il amena une épidémie de nostalgie. Les soldats du corps expéditionnaire, vieux ou jeunes, dépérissaient et mouraient sans maladie caractérisée.

Lamoricière, alors colonel des zouaves, passait sa vie dans les hôpitaux et tâchait de remonter ces hommes que toute force morale semblait avoir abandonnés. A toutes ses paroles tous répondaient invariablement par un hochement de tête et par ces deux mots : « Ce qu'il nous faudrait, c'est notre mère et M. le Curé. »

Bien qu'incroyant à cette époque, Lamoricière fut touché de cette idée fixe, et, déguisant son émotion sous un accent de colère : « Puisque vous en voulez des curés, s'écriait-il, eh bien ! on vous en f...lanquera ! »

Sur le conseil du maréchal Clausel, il écrivit à la reine Marie-Amélie... Mais laissons-le nous raconter la fin de l'histoire.

Douze jours s'écoulèrent. Un matin, après une mauvaise nuit, pendant laquelle un sergent et un clairon de mes zouaves avaient succombé, je sortais de l'ambulance pour me rendre sur le quai, lorsque je vis accourir le gardien du sémaphore, prévenu de mon anxiété.

— Colonel, s'écria-t-il, un brick de guerre en vue! Il y a des religieuses!

A ces mots, je monte sur mon canot et je vole vers le brick; en sautant sur le pont, je m'écrie :

— Allons vite, mes Sœurs, il y va de la vie de braves gens!

Elles étaient six, ces chères femmes. Deux secondes leur suffisent pour prendre en main leur petit bagage. La garde qui m'attendait leur présenta les armes; le commandant les salua de son épée; l'équipage poussa trois hurrahs, et l'aspirant avait à peine dégringolé l'échelle pour leur donner la main qu'elles étaient dans le canot, tout émues des honneurs qu'on leur rendait. En débarquant, sans nous donner le temps de respirer, nous courûmes à l'ambulance. Les malades étaient prévenus de notre arrivée. Dès qu'ils aperçurent de la porte de la salle la pointe des cornettes blanches, ce furent des acclamations, des cris de joie qu'il faut avoir entendus pour s'en faire une idée. Ils se tenaient debout et semblaient guéris. C'était la France et leurs mères qui venaient à eux. A compter de l'apparition des Sœurs, les décès s'arrêtèrent. Les aumôniers arrivèrent le lendemain. Huit jours après, les fiévreux étaient tous rentrés au corps, l'ambulance fermée et les blessés en voie de guérison.

— Vous comprenez, ajouta Lamoricière en retroussant sa moustache pour se distraire d'un retour d'attendrissement, pourquoi je suis l'admirateur des Sœurs, et pourquoi je salue toujours celles que je rencontre.

Et, cinquante ans après, le 26 novembre 1903, le ministre des Colonies, le protestant M. Doumergue, signifiait aux Sœurs hospitalières qu'il n'avait plus besoin de leurs services.

Voilà donc bien des souffrances inconsolées, bien des agonies désespérées! Nous savons que les jouisseurs de la libre-pensée s'en moquent. Qu'est-ce que cela peut bien leur faire dans l'assouvissement béat ou fiévreux de leurs bas appétits et de leurs âpres ambitions?

En 1905, un jeune sous-officier de l'armée coloniale disait à un prêtre de La Rochelle combien son cœur avait souffert au départ des religieuses qui soignaient nos soldats dans les colonies africaines.

Vous n'avez pas l'idée de ce qui se passe là-bas. Des Sœurs desservaient notre hôpital militaire. Nous les connaissions tous, car tel est le climat que, un jour ou l'autre, il faut tomber malade. Si vous saviez, Monsieur, dans quel état se trouvent parfois beaucoup des nôtres!... C'est un accablement, un marasme profond, et l'on se laisserait mourir sans essayer même de se soigner. Eh bien! ces religieuses nous parlaient si doucement que nous acceptions tout ce qu'elles voulaient.

— Allons, mon pauvre enfant, disait la Sœur en s'approchant d'un lit, vous avez une mère qui pense à vous. Qu'elle aurait de chagrin en vous voyant à ce point abattu! Du courage, prenez ce remède, il vous guérira, et vous retournerez bientôt au pays.

L'on se sentait tout remonté après ces bonnes paroles, et l'on ne refusait plus rien. Aujourd'hui, Monsieur l'abbé, ce sont des nègres, oui, des nègres, qui nous soignent. Ils arrivent dans les salles, jettent les médicaments sur les lits et s'éloignent sans même savoir si les malades prennent ce qu'ils ont apporté. Ah! quand les bonnes Sœurs sont parties, tous les hommes avaient les larmes aux yeux, tous sans distinction d'idées, de partis, de religion. (*Semaine de Toulouse*, 10 décembre 1905.)

Le 18 mars 1905, nous avions lu dans la *Croix* :

Je viens d'avoir la visite d'un *colonial* en congé de convalescence. Il se trouvait dans un hôpital militaire au moment de la suppression récente des Sœurs gardes-malades. Mon ami m'a raconté ainsi ses impressions :

« J'étais alors au lit avec la fièvre, et le médecin m'avait prescrit la demi-ration.

« A peine les Sœurs furent-elles parties, emportant avec leur blanche figure et leur aimable charité, la dernière image de la patrie absente, que je vis apparaître mon infirmier nègre.

« Il se pencha vers moi et, me reconnaissant sans doute, il me dit en découvrant ses dents luisantes, dans un rire silencieux : « Ti, bon blanc. Ti service à Ali dans la brousse. Ti rien dire. Ali « apporter deux rations. Ti manger double! »

Vous semble-t-il que ce langage puisse relever le moral de nos soldats ?

***

J'estime que le cœur des pauvres malades paie bien cher le départ du crucifix, des religieuses et des prêtres. Que lui ont donné en retour nos laïcisateurs, ces grands amis du peuple ? Voici quelques artifices par où ils prétendent suppléer aux consolantes douceurs que prodiguait la religion. Comparez... et osez dire ensuite que le nouveau système est le meilleur à vos yeux.

C'est à Marseille, en 1905. Une vieille femme se présente

à l'hospice Sainte-Marguerite. Et, en guise de bienvenue, comme pour lui donner un bon cordial, le fonctionnaire qui la reçoit lui demande de sa voix la plus alléchante : « Voulez-vous être enterrée civilement ou religieusement ? » Il paraît que notre malheureuse femme fut un peu suffoquée. On le serait à moins. Figurez-vous des cannibales demandant à leur victime à quelle sauce elle veut être mangée. (*Croix*, 4 mars 1905.)

A Béziers, on met sous les yeux du malade de petites affiches où on le prévient qu'à l'heure de mourir il n'entendra, à son chevet, que les prières qu'il lui aura plu de réclamer. S'il ne réclame rien, on le laissera tranquille, et il sera enterré civilement. On le lui promet. Voilà qui est gentil. Imaginez-vous tout de même l'état d'âme d'un patient qui n'a devant lui, pour se distraire, qu'une affiche, où des conseils lui sont donnés touchant sa mort prochaine ? (*Eclair de Paris*, 12 août 1905.)

C'est sans doute le même esprit d'humanité qui faisait choisir, comme administrateur de l'hospice civil et militaire de Bourbon-l'Archambault, le citoyen Ferronnière, franc-maçon de marque et *fossoyeur* au cimetière de cette ville. Un fossoyeur à la tête d'un hôpital ! (*Nouvelliste de Bordeaux*, 18 mai 1905.)

Si nous en croyons le *Bien public*, en 1907, à Dijon, pendant une épidémie de variole, l'administration de l'hôpital, dans un accès de prévoyance vraiment générale, avait fait placer dans la salle deux cercueils en sapin qui semblaient n'attendre que des cadavres pour être enlevés. Les malades pouvaient les voir : et vous devinez quel baume cela devait leur mettre dans l'âme.

D'autres fois, nos laïques se livrent, sous les yeux des malades à de véritables orgies. Le Dr Desprès écrivait, un jour :

Au mardi-gras dernier, le personnel laïque de l'hôpital Saint-Antoine, hommes et femmes, a changé de costume et ne s'est pas même abstenu de paraître dans les salles avec ce déguisement.

Après avoir reproduit ces lignes, un écrivain catholique ajoutait :

Le Dr Desprès est trop tendre pour l'administration et trop discret. Il ne dit pas, par exemple, que, le 14 juillet dernier, les infirmiers et infirmières de l'hôpital Tenon ont organisé un bal et dansé joyeusement au milieu des malheureux qui souffraient.

Rappelons-nous encore ces paroles empruntées au *Journal d'une Infirmière* :

Qu'on entre à l'improviste dans un service d'hôpital : sauf de rares exceptions, on assistera à des scènes de mœurs sur lesquelles je ne veux pas appuyer ici.

Ainsi, c'est entendu, nos malades ne voient plus ni le crucifix, ni les prêtres, ni les Sœurs : mais, à la place, ils ont devant les yeux des arlequins, des pierrots, des danses échevelées, des traits de libertinage. Je doute que leur santé en tire profit.

***

Enfin voulez-vous savoir à quel point est reposante et salutaire pour de pauvres malades la physionomie d'un hôpital laïcisé ?

Répondant à M. Flaissières, qui parlait au Sénat de laïciser la France entière, M. Domin écrivait dans la *Croix* du 31 décembre 1913 :

Il n'a pas fait connaître le sans-gêne boulevardier, les bavardages indécents, les discussions mouvementées et plaisantes, le brouhaha général qui, par moments, font de ses hôpitaux laïcisés des pavillons d'enfer; il n'a pas dit que telles servantes peuvent, grâce à de hautes protections, rester à l'hôpital et se soûler à volonté, etc.

Mais Flaissières ne sait-il pas que les malades de son ancienne commune appellent l'hôpital laïque la *botte*, la *galère*, et leurs infirmières de noms que je ne puis écrire et que je veux bien croire exagérés ?

N'a-t-il pas eu connaissance de ces scènes macabres dans lesquelles des servants s'amusent ignoblement et scandaleusement de certains cadavres, à la vue d'autres malheureux hospitalisés qui frémissent de colère et d'impuissance ?

Les malades soignés *laïquement* grâce à ses réformes, ne lui ont-ils pas fait savoir... qu'au râle d'un mourant ils ont entendu faire cette réponse : *Il ne crève pas encore celui-là que nous ne l'entendions plus !* que les compagnons d'infortune doivent, plus d'une fois, par pitié, remplir le rôle d'infirmier au chevet d'un moribond abandonné; que la nuit, des surveillantes sont souvent *désirées en vain* et ne se dérangent pas facilement, même pour donner les instruments nécessaires à la ponction pressante d'un hydropique à toute extrémité; que les salles ont été plus d'une fois lavées à grande eau, oui, mais avec l'eau *dans laquelle on venait de baigner des typhiques?*

M. Flaissières a laïcisé, mais il n'a pas entendu ces douces appellations de *vieille vache*, de *sale bête*, etc., décochées trop souvent par des infirmières mal élevées à des vieillards impuissants...

Oh! que la voilà bien prise sur le fait, la philanthropie laïque, cette fausse monnaie de la charité religieuse! Et ne croyez pas que ce soit là une exception. Je n'ai qu'à me pencher sur mes notes pour y voir aussitôt le fait suivant :

Il y a quelque six semaines, une personne de notre ville se présentait à la consultation, à l'hôpital Cochin. Après l'avoir examinée consciencieusement, le médecin lui conseilla d'entrer à l'hôpital pour une quinzaine de jours : cette personne en sortit vingt-quatre heures plus tard, dégoûtée de tout ce qu'elle avait vu et entendu.

Dans la salle où elle fut placée, on jurait à bouche que veux-tu, on *tutoyait* couramment les malades et on répondait à leurs plaintes par des quolibets. Une pauvre vieille, *dont le lit n'avait pas été fait depuis trois semaines*, suppliait qu'on voulût bien le lui arranger; une infirmière lui répondit :

— *Ce n'est pas la peine, avant huit jours tu sortiras d'ici les pieds devant; tu n'en as plus besoin!* (Bulletin de Bourg-la-Reine, octobre 1912.)

J'aime à croire qu'il ne vous reste plus à cet endroit aucune illusion. Cependant, pour affermir en vous l'admiration que mérite la tendresse laïque, écoutez encore ces lignes. Je les détache d'une lettre, parue dans la *Croix* du 15 septembre 1913. Elles achèveront d'éclairer votre religion sur les tortures morales qu'infligent aux malades les hôpitaux laïcisés.

Pour qui a vu mourir à l'hôpital, qu'y a-t-il de plus triste? L'immense majorité des malades ne voit pas le prêtre avant de mourir. Personne, et pour cause, ne proposerait de le faire venir. Et tous s'en vont ainsi. Comme il est triste, ce râle d'agonie, dans cette grande salle, dans le grand silence de la nuit! Et celui qui va mourir, et qui le sait, et qui se débat dans les souffrances suprêmes, doit bien voir qu'autour de lui ceux qui sont là dans leurs lits l'écoutent râler et qu'ils attendent impatiemment sa fin pour pouvoir enfin dormir... Et quand un malade meurt dans la journée, nul ne s'occupe de lui, sinon peut-être un peu ses voisins directs. Le personnel vaque à ses occupations habituelles; de temps en temps seulement une infirmière s'approche du lit du mourant voir si c'est bientôt fini. Quiconque entre alors dans la salle ne verrait pas que là dedans, dans un de ces lits, un être humain est en train de mourir tout seul, dans la foule. Et à celui qui meurt personne ne dit même un mot de pitié, personne ne parle de son âme et du Dieu devant qui il paraîtra tout à l'heure.

Et quand tout est fini, quand le râle a cessé, et qu'au pauvre être de douleur succède un cadavre pâle, les yeux ouverts, la bouche béante, alors l'infirmière, pas tout de suite toujours, s'approche, et sur le visage rabat le drap. Et, quelques instants plus tard, sous les regards curieux des voisins, on procède à la lugubre toilette. On retire la chemise, et le cadavre nu est enfermé dans un drap; on attache au bras un carton sur lequel est inscrit le nom du défunt, le numéro du lit, la salle. Puis on le laisse là. Que de fois il m'a été donné de contempler, gisant sur un lit, cette forme que je devinais sous la blancheur du drap, immobile dans le repos de la mort, sans que personne près du lit restât un instant!

Deux heures après la mort, les infirmiers passent, leurs bretelles sur leurs épaules. Ils rentrent quelques instants plus tard; la porte, devant eux, s'est ouverte à deux battants. Ils apportent... savez-vous comment cela s'appelle? cela s'appelle la boîte à chocolat. L'un des garçons retire le couvercle; puis l'un d'eux empoigne le paquet par les pieds, l'autre par le haut du corps. On remet le couvercle. Et en route... La porte se referme. Et maintenant, au suivant!... A qui le tour?

Nous a-t-on assez répété depuis trente ans que le pauvre ne fait qu'exercer un droit strict, quand il réclame l'assistance dans ses malheurs! Je ne sais si dans les siècles d'obscurantisme, comme on dit en style *primaire*, nos pères lui tenaient ce langage : mais ce que je sais bien, c'est qu'ils l'accueillaient avec vénération et avec amour, comme un membre souffrant de Jésus-Christ. Au siècle des *tyrans*, Bossuet prêchait sur l'*éminente dignité des pauvres*, et saint Vincent de Paul traduisait en actes ces éloquentes paroles. Nous avons changé tout cela : mais quel avantage en revient aux pauvres et aux malades?

II. -- *Les Bagnes du corps*

Vous connaissez un peu maintenant la part faite à l'âme : j'ai hâte d'établir que le pauvre corps n'est pas mieux traité. C'est de l'histoire encore toute fraîche : car mes souvenirs ne remontent presque jamais au-delà de 1900.

1. — L'Hygiène

Jetons d'abord un simple coup d'œil sur la tenue des hôpitaux laïcisés. Nous comprendrons mieux ensuite l'invincible horreur qui s'empare du peuple devant ces refuges de la souffrance, où ne devraient pourtant fleurir que les joies et les douceurs de la charité.

Je veux oublier que, dès 1884, le *Cri du Peuple* signalait en ces termes la saleté repoussante où croupissaient déjà les pauvres malades :

A l'hospice des Ménages, laïcisé depuis deux ans, les salles sont mal tenues, poussiéreuses, puantes; les vieillards sont obligés d'aller se débarbouiller dans les latrines.

Arrivons tout de suite à des faits plus récents.

Le *Matin*, qui ne travaille certes pas à faire le jeu des cléricaux, nous révélait, en 1900, ces faits et gestes de notre glorieuse laïcisation.

Il existe, à l'hôpital Saint-Antoine, dans le service de chirurgie, une salle où toutes les fenêtres sont dépourvues de rideaux extérieurs. Or, comme cette salle est exposée en plein midi, il arrive que le soleil, torride et exténuant, inonde de ses rayons brûlants les lits des patients entassés côte à côte dans une promiscuité étouffante. Les malades souffrent la torture; ils gémissent et se lamentent. Le médecin proteste, sollicitant dix mètres de toile pour établir des stores indispensables. Et l'administration refuse : car tel est son bon plaisir!

Le *Matin* citait encore une lettre d'un malheureux blessé :

A l'hôpital Saint-Antoine, le nettoyage des cours, couloirs et cabinets n'a jamais eu lieu. La saleté est repoussante partout. On balaie tant bien que mal, à la hâte, *avant la visite*. Mais après! Après les pansements! Après le départ du médecin! C'est affreux. Les seaux à urine touchent aux pots de tisane, le pain traîne sur les tables de nuit, à côté des linges de pansement. C'est répugnant! Et il ne faut rien dire... L'hôpital Saint-Antoine constitue un véritable scandale, ni plus ni moins. Tout y est sale, dégoûtant, abject...

De son côté, la *Croix* disait, le 24 avril 1903 :

Des journaux, amis de l'Assistance, nous apprennent que ces jours-ci, à l'hôpital Cochin, dans la baraque n° 4 occupée par des paralytiques, d'énormes rats se sont jetés sur les malades, les mordant cruellement; une pauvre vieille a eu le nez atrocement mutilé. On a dû munir les malades de petits fouets pour se défendre. Mais la plupart étant paralytiques ne peuvent s'en servir et sont livrés sans défense aux carnassiers.

Les baraquements où se passent ces horreurs datent de 1871. Ils n'étaient que provisoires; mais l'argent manque pour les remplacer.

L'argent manque... Et le budget annuel de l'Assistance dépasse cinquante millions!...

Une lettre, publiée par la *Liberté* du 3 avril 1907, donnait ces détails navrants :

La salle, qui doit contenir régulièrement vingt-deux malades, en hospitalise environ quarante-cinq. Les lits supplémentaires sont

intercalés entre les lits réglementaires; un intervalle de vingt centimètres à peine les sépare les uns des autres!

On refait mon lit avant que j'y prenne place. Mon voisin dit :
Il peut y avoir encore des mies de pain, secouez bien les draps.
Il est donc évident que je vais me coucher dans les draps qui
ont servi à mon prédécesseur.

On me sert une soupe — et quelle soupe! — et on me remet
une cuiller en fer qui constituera pendant huit jours mon unique
service de table. Ni couteau, ni fourchette, ni serviette : on en
manque, paraît-il. J'ajoute que, pendant ces huit jours, ma
cuiller n'a pas été lavée une seule fois. Pour avoir un verre,
j'ai du prendre le café, le matin, à six heures. Ce café, vendu
dix centimes par la fille de salle, constitue son petit bénéfice.
Il convient de dire que les verres dont elle se sert sont, pour
la plupart, d'anciens pots à confiture. Un matin cependant elle en
a manqué et elle m'a dit : « Vous boirez à deux dans le même
verre. » Certains malades sont obligés de boire leur lait ou leur
vin au goulot de la bouteille...

Quant aux lavabos, ils sont d'une malpropreté repoussante: il n'y
a pas de serviettes, et les malades en sont réduits à s'essuyer
avec leur chemise...

Dès trois heures du matin, le gaz est allumé, le bruit commence,
les fenêtres s'ouvrent, soufflant l'air glacial sur les malades.
On balaie à sec, on nettoie, on essuie; on essuie même les tables
qui portent la nourriture avec des draps enlevés à des lits de
malades...

L'hygiène semble, au premier abord, régner à l'hôpital. Par
mesure prophylactique, il est défendu de rien jeter à terre et de
cracher ailleurs que dans les crachoirs. Mais ces crachoirs, changés
chaque matin, restent ainsi pendant vingt-quatre heures dans la
salle, exhalant les odeurs et miasmes empoisonnés. Que l'on imagine
quel peut être l'air de cette salle, à trois heures du matin, alors
qu'elle est close depuis cinq heures du soir et qu'elle contient
quarante-cinq malades au lieu de vingt-deux!...

Si un malade meurt après minuit, son cadavre reste dans la
salle jusqu'à sept heures du matin. Un de mes voisins de misère
m'a conté qu'étant, il y a quelque temps, dans une salle de
médecine, il vit ce cas. Un malade décéda vers minuit. Il resta
là jusqu'à sept heures du matin, infectant l'air à tel point que
l'on dut tenir les fenêtres ouvertes pendant toute la nuit. Malgré
cela, l'odeur cadavérique fut telle que bon nombre de malades
furent pris de vomissements.

On se sert, pour enlever le cadavre, d'un sinistre brancard en
bois noir, dont la vue seule est faite pour impressionner péniblement les malades de toutes les salles à travers lesquelles on le
promène...

Je n'ai rien dit encore de l'encombrement qui devient
toujours une cause d'épidémie. Le docteur Louis Régis,

dans son rapport au congrès des praticiens, tenu à Paris, du 7 au 10 avril 1910, nous a fait d'une salle surchargée ce tableau saisissant :

Quand le nombre des entrants est très considérable, les urinoirs et les crachoirs arrivent à manquer, au moins temporairement, et, ce qui est le plus grave, les tables de nuit font également défaut. La chaise de paille en tient lieu couramment : le pot de tisane, le pot de lait et l'urinoir, le crachoir et les aliments s'y entassent comme autrefois dans un voisinage peu appétissant et surtout dans un équilibre instable; la chaise souillée constamment sert ainsi, sans désinfection possible, à un nombre infini de malades. Enfin, conséquence plus fâcheuse encore, les lits supplémentaires ayant un numérotage arbitraire, variant suivant la place qu'ils occupent, des erreurs inévitables se produisent, de pancarte, de bocal et même de prescriptions médicamenteuses, n'entraînant naturellement aucune responsabilité certaine.

Après avoir publié ces lignes, la *Libre Parole* du 19 septembre 1911 dénonçait encore deux pratiques aussi dangereuses que possible.

Il est établi pour chaque malade en traitement dans les établissements de l'Assistance publique un roulement de trois draps par lit. Deux draps sont en service dans le lit du malade, le troisième est au blanchissage ou tenu en réserve, suivant le cas. Or, voici comment le roulement s'établit. Un seul drap, chaque semaine, sera changé : celui qui aura précédemment été placé sous le malade. Ce n'est pas, cependant, le drap propre qui lui sera substitué, mais celui du dessus et qui aura servi pendant toute une semaine, de protège-couverture. Quant au drap propre, il devient protège-couverture à son tour, en attendant que, souillé de poussières et parfois même de déjections, il soit glissé directement sous le malade.

Comprendra-t-on cela? Voilà une administration publique, qui dispose d'un budget énorme de 58 millions et qui ne peut changer les draps de ses malades sans employer une méthode d'un empirisme déconcertant!

Comment ne pas s'indigner aussi contre le frottage des salles à la paille de fer et le nettoyage à sec? Dans son *Précis d'Hygiène* (p. 36), M. André Mesureur déclare que c'est une action coupable de mettre en mouvement un nuage de poussière : aussi conseille-t-il le balayage et l'essuyage humides. Or, dans la plupart des hôpitaux, le frottage et le nettoyage à sec sont d'un usage fréquent. Et la *Libre Parole* cite l'Hôtel-Dieu où ces pratiques s'emploient au vu et au su de tout le monde.

Comme en un pareil sujet abondance de biens ne pourra jamais nuire, je tiens à publier encore ces détails que je trouve, sous la signature de M. André Joubert, dans l'*Action* du 20 juin et le *Siècle* du 21 juin 1912. Sans doute la *Lanterne* n'accusera point ces journaux de prendre leur mot d'ordre chez les ratichons.

Dans une suggestive enquête sur l'Hôtel-Dieu le publiciste nous peint de la sorte le quartier réservé aux internes en parmacie :

A la suite de mes guides, j'ai monté un escalier vermoulu, puant le moisi, et je me suis trouvé dans un large couloir aux nombreuses fenêtres. L'aération est parfaite. Mais..., mais les carreaux sont sales. Des tas d'immondices sont accumulés dans les angles, les murs sont couverts de poussière, et il en suinte un liquide noirâtre. Au plafond, des araignées tissent en paix d'immenses voiles....
Tout cela n'est rien

Un de mes guides ouvre une porte qui donne sur un autre couloir. Je descends deux marches. Une odeur infâme de latrines me prend à la gorge et m'asphyxie. Ce n'est rien. Au bout du couloir, il y a une deuxième porte. Lorsque celle-ci est ouverte, c'est alors qu'on recule suffoqué. Les latrines sont là, ignobles, pleines, munies de chasses d'eau qui, depuis longtemps, ne fonctionnent plus.
Et nous sommes ici dans un hôpital, dans un des hôpitaux qui ont la réputation d'être le mieux tenus...
Mais ce n'est pas tout. Les étudiants se plaignent pour eux, mais ils se plaignent aussi pour leur service.
En effet, la pharmacie est installée dans les sous-sols et la réserve des médicaments est située juste au-dessous des latrines d'une salle de malades. L'urine suinte le long des murs. De plus, c'est dans un couloir, à l'entrée de la pharmacie, qu'on procède au tri du linge sale des malades. Un coup de balai, un superficiel lavage à l'eau suivent cette opération. Les microbes ont toute latitude d'envahir l'antre où se font les médicaments destinés aux malades. On ne peut rêver plus inconfortable installation, plus dangereuse organisation .
Le laboratoire des urines n'est jamais nettoyé. J'ai vu des bocaux dans lesquels, depuis des mois, croupit une urine infecte et puante. On devine dans quelles conditions sont faites les analyses, et on se demande quelles garanties d'exactitude et de sincérité peuvent avoir les médecins qui confient ces analyses à faire au service pharmaceutique.

Arrêtons là notre citation, pour donner de suite la parole à M. Albert Monniot qui, dans la *Libre Parole* du 12 juin 1913, résume ainsi un formidable réquisitoire dressé, après minutieuse enquête, par son confrère les *Hommes du Jour* contre l'administration du F∴ Mesureur :

Vêtements contaminés entassés pêle-mêle, pour être rendus plus souillés à la sortie; vêtements d'hôpital infligés à l'entrant encore imprégnés de la sueur du dernier occupant; refus de mouchoirs aux malades, pour éviter une complication dans la comptabilité; innommable brouet servi comme soupe et viande immangeable de vieux bœufs impropres à la consommation, si coriace que dans la proportion de 60 à 80 % elle sert à engraisser les cochons, d'où un double profit pour l'administration; voisinage des contagieux, répandant la typhoïde et la tuberculose; installation des lavabos aux water-closets; planchers disloqués recélant une poussière mortelle; emploi de thermomètres capricieux et éminemment variables entre eux, mais qu'impose la mention « importé de Saxe » : tel est, en raccourci, le tableau brossé par notre confrère, d'après nature.

Inutile d'ajouter que jamais un inspecteur ne passe dans les cours, où les malades manipulent avec frénésie des cartes que réclame la poubelle.

Notre confrère cite les établissements, encore dits hospitaliers, où il a noté chaque fait

**
* **

Les choses vont-elles mieux en province qu'à Paris ? Je n'ose l'affirmer.

Après avoir été hospitalisé à l'Hôtel-Dieu de Marseille, M. Le Bis, officier de la marine marchande, écrivait au *Petit Marseillais* :

Les infirmiers prennent leur repas à l'hôpital, ce qui ne les empêche pas de sortir pendant deux heures, soi-disant pour aller déjeuner. La literie est dans un état pitoyable. J'ai vu des matelas maculés de sang ou de déjections, enlevés des lits à la suite de décès gangréneux ou cancéreux, mis quelques instants à l'air, puis placés de nouveau dans les lits où ils servaient à de nouveaux blessés...

Les Débats ont publié cette lettre, le 23 août 1904.

Au Conseil général des Bouches-du-Rhône, M. Saravelli raconta, en 1908, que, au cours d'une visite faite à l'Hôtel-Dieu, pendant une période de fièvre typhoïde, sept malades

étaient passés dans la même baignoire, « sans que l'eau
en fût même renouvelée... J'ai vu de ces derniers, ajou-
tait-il, qui refusaient de prendre le bain prescrit; mais ils
étaient aussitôt mis dans l'obligation de se plier aux
exigences du service. » (*Univers*, 19 octobre 1908.)

Depuis, les choses n'ont fait que croître et embellir :
car un journaliste de cette ville a vu dans l'hôpital laïcisé de
telles monstruosités, que le *Petit Marseillais*, peu suspect
de cléricalisme, n'a point hésité à les reproduire. Il déclare
avoir vu, de ses yeux vu, des pauvres diables hâtivement
mis en bière, des blessés oubliés sans pansement, des bran-
cardiers, des servants, des infirmiers et des infirmières sans
discipline, et, pour ne pas dire plus, ajoutons sans surveillance. (*Croix*, 30 septembre 1910.)

En réponse à M. Flaissières qui, dans la séance tenue au
Sénat, le 23 décembre 1913, hurlait avec rage : « Pas de
Sœurs dans les hôpitaux ! » M. Jean Domin n'écrivait-il
pas naguère :

Il n'a pas dit que, dans les hôpitaux laïcisés grâce à lui, les
cuvettes contiennent parfois le lendemain ce qu'elles contenaient
la veille; que des *vases font fonction d'estomac de malades et
reçoivent les médicaments* destinés à ceux-ci; que le lait n'est
plus remplacé à tel malade qui va trépasser et n'a plus la force
de se servir; que le drap sur la tête est la seule assistance donnée
à certains moribonds qui râlent dans l'agonie et peut-être dans
le désespoir, avec un *qu'il crève l'animal!* pour toute parole de
consolation.

Ces faits et les autres que je cite ne sont pas quotidiens sans
doute, mais ils se sont produits les uns une fois ou plusieurs,
les autres souvent hélas!

Le laïcisateur Flaissières s'est bien gardé de dire qu'à Marseille,
théâtre de ses laïcisations, de pauvres vieillards ont été rapportés
chez eux *pleins de poux;* que de petits enfants furent obligés de
pourrir dans la saleté; qu'une jeune femme, mère de trois enfants,
y est morte de faim et de soif *dans sa propre infection;* que
deux autres, horriblement brûlées, y sont restées *plus de douze
heures sans pansement;* que certains malades sont, non pas soignés,
mais *écorchés à vif* par certaines brutes qui font l'office de servants.
(*Croix*, 6 octobre 1913.)

Voici ce que je lisais, au mois d'avril 1908, sur l'hôpital
d'Amiens :

La propreté est plus que douteuse un peu partout. On fait le
plus gros, ce qui saute aux yeux. Mais les nettoyages sont toujours

à peu près insuffisants, et aucune mesure de précaution hygié-
nique n'est prise pour assurer une salubrité réelle dans les bâtiments.

Est-ce un organe réactionnaire qui parle ainsi ? Non,
c'est le *Démocrate*, organe des radicaux de la Somme.

Le 5 avril 1908, pendant la séance du Conseil municipal
de Reims, M. Langlet, radical, décrivait ainsi le pitoyable
état de l'hôpital civil :

Le vent pénètre dans les escaliers dont les vitres cassées ne sont
pas remplacées; les cabinets sont immondes; les salles des malades
sont d'une saleté repoussante; les murs et les plafonds n'ont pas
été blanchis depuis dix ou quinze ans; les fermetures des bouches de
chaleur ne fonctionnent plus...

Après avoir quitté l'hôpital de Béziers, un soldat écrivait :

Les vases de nuit sont rares dans les salles militaires; il y en
a un pour dix malades : on regrette le baquet malodorant des
punis de prison au régiment. Il y a quelque temps, un hussard,
présentant des signes d'aliénation mentale, fut isolé dans un
cabanon. Au bout de quelques heures, il fallut l'en retirer : le
malheureux était dévoré vivant par la vermine... Avec cela, pas de
douches; des salles de bains infectes; les malades, dégoûtés, refusent
d'y pénétrer. Ils ne veulent pas sortir des bains plus sales qu'ils
n'y entrent ou atteints de maladies contagieuses... (*Publicateur de
Béziers*, 10 décembre 1909.)

Au commencement de février 1911, n'avons-nous pas
entendu M. Naquet, ancien procureur général, premier
président honoraire de la Cour d'appel et président de la
commission qui avait enquêté sur l'hospice des aliénés de
Montperrin, ne l'avons-nous pas entendu dire, à Aix, en
pleine Cour d'assises :

J'ai constaté que la plus grande anarchie régnait dans cet
établissement. C'était le désordre absolu au point de vue matériel
et moral... On ne changeait les draps de lit des aliénés que tous
les trois mois. Certains ont même dû coucher dans les mêmes
draps pendant cent dix-huit jours. C'était la même chose pour les
chemises. Nous avons trouvé des aliénés sans pantalons. Les
malheureux, ne pouvant sortir en chemise, étaient obligés de
rester couchés. (*Croix*, 5 février 1911.)

Accordons ici une mention d'honneur au sanatorium de Taxil (Var). Je lis dans la *Croix* du 19 juin 1912 :

> Le *Bulletin médical* en parle comme d'un établissement extrêmement dangereux pour la santé des malades qu'on y envoie. Le D' Larcher dit que les malades y meurent tous d'hémorragies pulmonaires causées par la situation déplorable de l'établissement. L'été, la température y est telle qu'on en congédie tous les malades, quel que soit leur état : ils risqueront toujours moins ailleurs.
>
> On n'y a point prévu de séparation entre les malades hommes et les malades femmes. Les fosses d'aisances n'y sont jamais vidées à fond ni désinfectées : et l'Etat suvbentionne cette dangereuse maison pour une somme de 20.000 francs par an...

En 1909, après enquête dans les départements, un haut fonctionnaire du ministère de l'Intérieur faisait ces constatations, que l'*Aurore* n'a pas craint de publier :

> Très nombreux sont les hospices dans lesquels il n'existe pas de lavabos : quelquefois une cuvette est mise à la disposition de dix à quinze hospitalisés; mais bien souvent il n'y a que le robinet de service d'eau dans la cour. On peut penser si, en hiver surtout, il est peu fait usage de ce moyen vraiment trop rudimentaire. Dans bien des établissements il n'est donné aucune serviette de toilette, ou bien c'est une serviette collective pour quinze ou vingt hospitalisés! Quant au savon, il est très rare qu'il en soit distribué. (Cité par l'*Univers*, 8 décembre 1910.)

Vous n'ignorez pas sans doute que le Naturalisme contemporain demande la suppression des bouches inutiles. C'est la doctrine de Mme Clémence Royer, de Paul Bert, de Spencer, de M. Bayet, de Nietzsche. « Qu'est-ce qui est plus nuisible que n'importe quel vice? s'écrie ce dernier. La pitié... Périssent les faibles et les râtés! Et qu'on les aide encore à disparaître. » Ne croirait-on pas que nos laïcisateurs d'hôpitaux ont grandi à l'école de ces philosophes, qu'ils s'inspirent du même égoïsme, de la même férocité?

---

2. — L'Incurie

Sans nous lasser, reprenons notre marche à travers toutes ces horreurs, vraiment dignes de figurer dans les cercles de l'enfer dantesque. Vous verrez aussitôt que la surveillance et le dévouement n'y laissent pas moins à désirer.

Je vous fais grâce des plaintes que le D<r> Desprez envoyait, le 11 septembre 1888, au rédacteur en chef du *Siècle*. Sans doute d'incorrigibles optimistes ne manqueraient pas de me crier que c'est là de l'histoire ancienne, que le temps a, depuis, changé bien des choses, et que tout va maintenant pour le mieux du monde dans la meilleure des républiques. Ah! vraiment! L'on aurait en ce cas la mémoire bien courte : je vais la rafraîchir un peu.

Vous croyez peut-être que l'on s'empresse autour du malade, dès son entrée à l'hôpital, et qu'un docteur l'examine d'urgence.

Combien grande est votre erreur! vous répondrai-je avec l'*Eclair*, du 29 septembre 1906. Un interne est commis à ce soin, et l'on attend jusqu'au lendemain matin la visite du maître ou du chef de clinique. Combien de malheureux meurent ainsi... ignorant même la nature du mal qui les fait passer dans l'autre monde!...... Les pansements sont faits au petit bonheur; la plupart du temps on n'a pas ce qu'il faut; car, dès que l'ad-mi-nis-tra-tion doit entrer en jeu, il faut attendre cinq ou six semaines pour obtenir le nécessaire. Et ceci, remarquez-le bien, se passe dans presque tous les hôpitaux. A Saint-Antoine, on enregistre tous les jours des monstruosités...; c'est peut-être pour cette raison que M. Mesureur y fait décorer toutes ses créatures...

Le 29 juin 1902, la *Libre Parole* avait déjà fait des révélations aussi poignantes et qui ne furent jamais démenties.

Le dimanche, 22 juin, à six heures et demie du soir, une ambulance conduit à l'hôpital Bichat un malade qui a le crâne fracturé et paraît en danger de mort. L'interne de garde prescrit l'apposition immédiate de sangsues, pour arrêter la congestion.

Une heure plus tard, l'interne revient près de son malade, constate que ses prescriptions n'ont pas été exécutées. On lui répond : les sangsues sont sous clefs, et le garçon qui a les clefs a quitté son service à l'heure réglementaire... L'interne va chercher des sangsues chez un pharmacien et exécute lui-même son ordonnance.

Le 9 avril, à Lariboisière, un malade qui s'est empoisonné avec quarante grammes de laudanum est conduit à l'interne qui veut pratiquer séance tenante un lavage de l'estomac. Il ne peut trouver « le tube de Faucher », nécessaire à cette opération, ni même la quantité de café qu'il est urgent d'administrer sous forme de contre poison. L'interne est obligé de recourir à un vomitif.

Au même hôpital, dans les premières semaines de l'année, une conduite d'eau vient à crever : tous les lits sont inondés dans une salle bondée de malades. Le directeur prévenu laisse ces malades, dans leurs draps et dans leurs couvertures, trempés jusqu'au lendemain matin.

Et pourtant M. Mourier, directeur général de l'Assistance publique, était entré aux bureaux de l'avenue Victoria avec un superbe programme; il avait célébré en termes pompeux et pompiers la noblesse de sa mission, les grandeurs de l'altruisme, les bénéfices de la solidarité, le progrès des réformes nécessaires, que sais-je encore ?

Tas de farceurs et de polichinelles !

Admirez encore cette méprise que M. Mesureur daigna pourtant juger *très fâcheuse*.

Au mois d'octobre 1911, un agent du Métro entrait à l'hôpital Lariboisière pour se faire opérer d'une tumeur au bras.

Cette opération eut lieu le 12 octobre; le patient ayant été dûment anesthésié au chloroforme fut, suivant les règles d'une sévère antisepsie, tailladé, charcuté. L'opération réussit à souhait. Le patient, à son réveil, aperçut le sourire bienveillant et satisfait d'un aide et d'une infirmière; peu à peu la conscience lui revenait et, avec elle, ce doux apaisement de l'homme qui vient de traverser une heure périlleuse.

Mais, ô stupeur! le bras entouré de bandes de pansement n'est pas le bon, ou plutôt c'est le bon, celui qui n'était pas malade. Et le malheureux crie, proteste; le chirurgien est appelé, il reconnaît qu'il y a erreur.

Qu'à cela ne tienne, on recommencera sur le bras malade, cette fois. Et le 26 octobre en effet, une seconde opération était pratiquée, non moins heureuse que la première. (*Univers*, 18 octobre 1911.)

Au mois de septembre 1905, le bruit se répandait tout à coup dans Paris qu'un cas de choléra venait de se déclarer à l'hôpital laïcisé Saint-Antoine.

Un journaliste du Bloc se précipite aux informations. Les portes de l'hôpital sont toutes grandes ouvertes. Il pénètre librement jusqu'au pavillon directorial, entre, parcourt la maison et trouve enfin une bonne. — Monsieur le Directeur? — Absent, à la campagne; il ne rentrera que bien tard dans la nuit. — Le sous-directeur? — En congé. — En congé aussi l'économe, en congé l'interne de garde. Il reste seulement les garçons de service!

Notre confrère gagne les salles, rencontre une infirmière et lui demande la surveillante de la salle Anan où, d'après ses renseignements, doit se trouver le cholérique. La surveillante de jour est partie à six heures. La surveillante de nuit ne viendra qu'à sept heures. La fille de garde est en permission. Enfin, après cent allées et venues en toute liberté, le journaliste découvre le malade qu'il cherche. — Est-ce le choléra que vous avez? — Je ne sais pas; l'infirmière n'en sait pas davantage. (*Croix*, 30 septembre 1905.)

Ce trait ne vous laisse-t-il pas rêveurs? Il me rappelle l'histoire de M. Legrand, ce maire d'Auxerre, qui, « arrivant, un soir, à l'improviste, à l'hôpital laïcisé, fut fort étonné de trouver les salles des malades absolument délaissées par les infirmières. Il ne tarda pas à apprendre que ces dames étaient en train de célébrer la fête d'une de leurs collègues. Justement indigné, il pénétra dans la salle où elles festoyaient et leur fit une scène des plus violentes, menaçant de les f... toutes à la porte. » (*Le Nouvelliste de l'Yonne*, cité par la *Croix*, 5 novembre 1908.)

*
* *

D'ailleurs les malades ne gagnent rien à leur présence : car elles se distinguent par une lamentable incurie.

Ne parlons pas de faits trop lointains, comme ceux que dénonçait le *Cri du Peuple*, dès 1886. Plus près de nous, le 3 septembre 1906, le Dr Leredde écrivait dans l'*Éclair* : « Il y a dans les hôpitaux une négligence et une incurie graduellement croissantes. »

Encore un autre témoignage de M. Henri Faure, qui écrivait à l'*Eclair*, le 3 septembre 1906 :

Je veux parler particulièrement de l'hôpital Tenon, où ma mère, qui est maintenant décédée, a séjourné quatre mois à la suite d'une opération. Elle n'a jamais reçu, dans cet hôpital, les soins nécessaires à son état, et même l'hygiène la plus restreinte n'y était pas observée. Pendant ce long laps de temps, la literie a été changée tout au plus trois fois, et encore fallait-il qu'elle implorât pour cela, les infirmières négligeant de l'écouter, si elle osait demander du linge propre. Quant aux ordonnances prescrites par les médecins, lorsqu'elles étaient exécutées, et ce n'était pas toujours, loin de là, c'était quelques jours après qu'elles avaient été ordonnées.

Aussi le même journal nous disait, à la date du 29 septembre 1906 :

Les malades s'entr'aident mutuellement, tandis que les infirmières lisent les journaux, indifférentes ou trop habituées à ces misères.

Le 3 avril 1907, un malade, à peine échappé « d'un des plus vastes hôpitaux de Paris », écrivait dans la *Liberté* :

Pas de soins! Telle semble être la devise de ce lieu. Il ne faut pas se dire souffrant, ni montrer que l'on souffre. On est ramassé vertement avec mépris et colère, si on réclame des pansements ou des soins... En huit jours, et avec quelles précautions oratoires! j'ai obtenu, en tout et pour tout, deux fois, un peu d'eau bouillie pour laver moi-même mes blessures! Et notez que cette eau, demandée à huit heures du matin, ne m'a été donnée qu'à cinq heures du soir.

Ah! observait, le 4 novembre 1907, un rédacteur du *Matin*, que de tristes et lamentables histoires il y aurait à conter, comme celle de ce thermomètre à température, thermomètre passe-partout, thermomètre omnibus, qui, inlassable et sans reprendre haleine, fait la navette entre les tuberculeux, les variqueux et les rhumatisants, jamais désinfecté, propagateur acharné et fervent de la tuberculose dans tous les organismes!

Et l'on me blâmera de prétendre que les hôpitaux laïcisés sont un enfer? Ecoutez encore ce récit :

Une vieille gémissait sur sa couche. Elle demandait un objet absolument indispensable et que sa faiblesse ne lui permettait pas d'atteindre. « Non, tu m'embêtes, répondait la surveillante, tu ne l'auras pas. » La vieille, dolente, insiste; elle ne peut pas attendre. « Tu ne l'auras pas maintenant, je te dis, on verra tout à l'heure. » La malheureuse, étique sur son lit d'agonie, supplie encore; un dernier sentiment de propreté personnelle survit à ses forces disparues : elle ne peut plus que murmurer tout bas sa demande. Alors la surveillante impatientée : « Va, crève donc, vieux chameau! » La vieille n'ose plus rien dire; elle se retourne sur son lit avec un gémissement.

Un journaliste, étant allé voir un employé malade, à l'hôpital Saint-Antoine, disait ensuite à un rédacteur de la *Libre Parole* :

Les malades sont-ils dans la nécessité de se lever? il leur faut se traîner sans appui jusqu'au but.

Ont-ils soif pendant la nuit? Fiévreux, la gorge sèche, ils ne boiront que s'ils peuvent se lever et aller puiser à l'un des bouts de la salle, dans un récipient *ad hoc*, la tisane mise à leur disposition, ainsi que pour les bêtes l'eau à l'abreuvoir.

Un voisin de lit de l'employé dont je parle, à qui on avait posé des ventouses, se les était vu ou plutôt senti arracher par une infirmière « comme si elle avait opéré sur une volaille morte dont on arrache les dernières plumes ».

Crier, protester? Auprès de qui, et à quoi bon?

Et qu'on ne vienne pas prétendre que j'exagère en rien; j'aurais dix, vingt témoins pour attester la véracité de mes affirmations. (*Libre Parole*, 6 octobre 1913.)

*
* *

Pareilles atrocités se renouvellent sur tous les points du pays.

Au mois de mai 1904, le *Nouvelliste de Bretagne* nous avait appris que tous les services des hôpitaux de Lorient et de Port-Louis se trouvaient, depuis le départ des Sœurs, dans un profond désarroi. Il ajoutait :

Nous ne citons que cet exemple qui nous a été conté récemment par un militaire sortant de l'hôpital de Port-Louis.

Les infirmiers se refusent absolument à être dérangés, la nuit. Un malade appelle-t-il un de ceux-ci pour réclamer un remède quelconque : — Il y en a sur la planche, prends-en si tu veux! —

lui répond l'infirmier sans se déranger. Le malade, auquel fut fait cette réponse, ayant insisté, l'infirmier se leva, furieux, et, arrivant menaçant près de son lit : « Tu ne crèveras donc pas, cochon, pour nous f..... la paix! »

Toujours en 1904, ne découvrait-on pas, à l'hôpital maritime de Lorient, que, pendant la nuit, plusieurs infirmiers franchissaient, avec des malades confiés à leurs soins, les murs de clôture et s'en allaient faire une noce insensée? Que devenaient alors dans le feu de la fièvre et sous les coups de la douleur, les malheureux patients? Notre laïcisateur Pelletan pouvait, du moins, être fier de son œuvre.

Avant de mourir à l'hôpital d'Amiens, un jeune homme écrivait à son frère, le 3 juillet 1907, ces lignes angoissantes que j'ai trouvées dans *Germinal :*

... Il faut toujours réclamer vingt fois pour obtenir la moitié de ce que le médecin ordonne. Dans l'infirmerie des bagnes on doit être mieux soigné que nous ne le sommes. On nous prend pour servir de pièces d'études aux médecins et aux étudiants de l'école de médecine, mais pas dans le but humanitaire de nous soigner et d'essayer de nous guérir. Que nous mourions, depuis le dernier infirmier jusqu'à la directrice, ils ne s'en moquent pas mal; les lits ne resteront pas vides, et ils toucheront leur traitement. S'il fallait te raconter tout ce que je vois, ce serait trop long. Puis à quoi bon?

Ne sentez-vous pas dans ces plaintes un sombre découragement?

Je cite encore. C'est le docteur Dubard, médecin de l'hôpital de Dijon, professeur à l'école de médecine, qui disait, en décembre 1907, à un rédacteur du *Figaro :*

J'ai eu, dans mon service, des varioleux qui, pendant cinq jours, n'ont reçu aucun des médicaments que j'avais prescrits. J'ai eu un malade atteint d'un cancer à la langue, à qui j'avais ordonné, pour toute alimentation, des purées et des potages. Le malheureux mit un jour, pour me la montrer, dans le tiroir de sa table de nuit, l'assiette de son repas. Elle contenait des haricots et des croûtes de pain.

Pourquoi tous les directeurs n'imitent-ils pas ce directeur de Saint-Antoine, qui, à son retour de congé, voulant s'assurer que telle surveillante de salle était malveillante et grossière à l'égard des malades, endossa subrepticement une capote de grabataire, se coiffa sournoisement d'un bonnet de coton et se glissa dans un lit de la salle, où il put se convaincre, bien mieux que par ouï-dire, des agissements de cette femme ? (*Le Matin*, 4 novembre 1907.)

Honneur à ce brave homme! Et puissent ses pareils l'imiter davantage! Ils auront souvent des surprises. Jugez-en vous-mêmes par ces terribles accusations que le *Bien Public* de Dijon portait, au mois de novembre 1905, contre l'hôpital laïcisé de cette ville.

Un jeune homme de dix-huit ans, opéré l'année précédente pour une péritonite tuberculeuse, avait vu se former une fissure suppurante qui lui causait d'horribles tortures. On dut le porter à l'hôpital, le lundi, 6 novembre.

Le mercredi suivant, écrit le *Bien Public*, un médecin de la ville qui avait soigné le jeune A... et qui s'intéressait à son malade, alla le voir. Il constata cette chose énorme : le pansement qui aurait dû être fait plutôt deux fois par jour qu'une seule n'avait pas encore été renouvelé! La tuberculose, étendant ses ravages dans l'organisme, avait perforé les intestins, et le malheureux enfant gisait dans les matières qui s'échappaient par la fissure!...

Autre chose. Un enfant de douze ans, qui avait eu les jambes brûlées par du café bouillant, passa huit jours à l'hôpital où on le soigna d'après la méthode laïque, c'est-à-dire pas du tout. On le fit sortir pour le faire soigner en ville. Le pauvre gamin était tellement effarouché quand on l'approchait pour le panser, qu'il poussait de véritables hurlements. Toujours, il parlait de la brutalité, de la férocité plutôt de certaines dames de l'hôpital. Aujourd'hui qu'il ne ressent plus les tortures qu'on lui infligeait en le pansant, il se laisse soigner sans manifester aucune crainte.

Troisième fait. Consécutivement à des lésions cardiaques, un homme avait les jambes dans un état épouvantable. Il avait été se faire soigner à l'hôpital et en était sorti. Quelqu'un lui conseillait de s'y faire réadmettre, vu la gravité de son mal. « Moi, retourner là dedans, s'écria-t-il, j'aime mieux crever dans un ruisseau. »

C'est rude, mais net.

Toujours au mois de novembre 1905, Louis Guédeney, un brave homme âgé de quarante-six ans, faisait au *Bien Public* ce triste récit :

Entré à l'hôpital pour une angine, je fus placé dans la salle des fiévreux, lit n° 15. Dans la nuit de dimanche à lundi, un de mes voisins, occupant le lit n° 24, atteint d'une maladie de poitrine, je crois, commença vers deux heures à râler.

J'étais le plus valide des malades présents, et, en l'absence d'infirmières ou de veilleurs de nuit, je me levai hâtivement pour appeler quelqu'un au secours de l'agonisant, qui, remarquez-le, ne pouvait parler, ayant un tube de caoutchouc dans la gorge. Pieds nus, je me mis à chercher un infirmier dans une salle voisine, puis au Sénat (c'est, paraît-il, le nom donné à une petite pièce où *pérorent* les infirmiers), puis partout où je pensais pouvoir en trouver un. Impossible de rencontrer quelqu'un; infirmiers et infirmières étaient introuvables.

Mes recherches n'ayant pas abouti, je revins me coucher transi de froid. A côté de nous le malade râlait toujours et, tous, nous le plaignions, déplorant notre impuissance à lui porter secours.

Vers cinq heures, les infirmiers firent leur entrée et commencèrent à bousculer les lits, à balayer, à tout remuer, sans plus s'occuper de l'agonisant que s'il n'existait pas. Et pourtant nous les avions prévenus de ce qui s'était passé dans la nuit... Vers sept heures, le malade mourait, sans que personne se fût occupé de lui. Il est mort tout seul, comme on laisse crever un animal...

A vouloir tout dire je n'en finirais pas. Sauvons pourtant de l'oubli deux autres faits.

En septembre 1912, à l'hôpital Bellevue, de Saint-Etienne, c'est une jeune femme dont la médication exigeait de l'eau chaude. On lui en servit, mais si bouillante, qu'elle est maintenant estropiée pour le reste de ses jours. (*Croix*, 8 juillet 1913.)

A l'hospice de Vendôme (Loir-et-Cher), c'est une infirmière, jeune fille de vingt ans, qui brûle atrocement les pieds d'une malheureuse femme, en leur appliquant une bouteille d'eau bouillante non enveloppée. Le tribunal la condamne à 50 francs d'amende sans sursis. (*Croix*, 28 décembre 1911... *Action Française*, 29 décembre 1911.)

Que deviennent ici tous nos grands apôtres de l'humanitarisme, tous nos illustres pourfendeurs des patrons-bourreaux et des brutes galonnées, tous nos fameux avocats des prolétaires-martyrs ? On ne les entend, on ne les voit jamais. Il semble pourtant que leur compassion trouverait ici à se dépenser largement au profit des humbles et des miséreux.

*
**

Le *Voltaire* avait mille fois raison de dire, en 1886 :

Si cela continue, les hôpitaux civils et militaires deviendront de véritables coupe-gorges; et lorsqu'un pauvre diable se sentira pris par la maladie, ce qu'il aura de mieux à faire sera de s'asseoir tranquillement sur une borne. Du moment où il échappera aux mains des infirmiers, il aura toujours une chance de moins de trépasser. Et puis sa fin sera plus douce; car de toutes les morts il n'en est pas de plus cruelle que celle que vous inflige un garde-malade.

Hélas ! ces désolantes réflexions n'ont pas du tout vieilli. Aussi vous ne serez pas étonnés d'apprendre que les asiles officiels, comme celui de Nanterre, doivent tenir leurs portes toujours fermées : sans cela, leurs clients s'évaderaient comme d'une prison.

A la neuvième chambre correctionnelle de la Seine, le président disait à une pauvre vieille accusée de vagabondage : « Mais vous étiez hospitalisée à Nanterre. Pourquoi en êtes-vous sortie ? » Et la petite vieille de s'exclamer : « Nanterre ! Nanterre ! Mais c'est épouvantable ! J'aime mieux mourir que d'y retourner. » Le tribunal l'ayant condamnée à quinze jours de prison : « Oui, mais pas à Nanterre ! Messieurs les juges, promettez-moi qu'on ne m'enverra pas à Nanterre. »

Savez-vous ce que disait un docteur des hôpitaux, connu par ses travaux de bactériologie : « Pour entrer à l'hôpital, il faudrait que je n'aie plus en poche un sou vaillant et que je me sente abandonné de tous les hommes. »

« J'aimerais mieux mourir au milieu de la rue, disait un malade sorti de l'hôpital de Dijon, que de rentrer dans cet établissement où les gens sont traités pire que des chiens. » (*Le Bien Public*, cité par la *Croix* du 25 novembre 1905.)

A Paris, « Sainte-Anne, écrit M. Ibels, c'est l'enfer. Des infirmières elles-mêmes, qui y sont passées, m'ont déclaré qu'elles préféreraient mille fois mourir au bord d'un fossé plutôt que d'y retourner jamais pour s'y faire soigner. » (*Eclair*, 7 juillet 1913.)

Ces aveux sont-ils assez concluants ?

*
* *

Tant d'incurie enfante parfois de cruels oublis, de sauvages méprises, qui aboutissent à des histoires macabres et appellent d'énergiques réprobations.

Ainsi, à l'hôpital de Béziers, en 1905, on enterre une pauvre femme, sans même avertir son mari qui habite la ville.

Encore en 1905, à l'asile de Tours, un aliéné meurt, le lendemain de son arrivée. Sa malheureuse femme l'apprend, deux jours après, en allant au marché, par hasard.

La même année toujours, à l'hôpital de Valence, dans une nuit du samedi au dimanche, c'est une malade, Mme Blanc, qui meurt à l'âge de cinquante ans. Aussitôt prévenue, la famille fixe les funérailles au lundi matin. Mais voici que, *par erreur*, l'inhumation a lieu, le dimanche, à une heure de l'après-midi, quinze heures seulement après le décès. Lorsque le fils de la pauvre morte se présente à quatre heures pour voir une dernière fois sa mère, on lui fait part de l'affreuse réalité.

Mais que se passa-t-il, le lundi matin, lorsque les invités arrivèrent pour les funérailles ? Oh ! rien que de très simple. Le directeur les mit au courant de la triste aventure, puis ajouta d'un air et d'un ton dégagés, avec un cynisme déconcertant : « Il n'y a rien à faire. Mais, puisque vous vous êtes dérangés, vous n'avez qu'à suivre le convoi funèbre d'une autre personne qu'on va inhumer dans un instant. De la sorte, vous n'aurez pas fait un voyage inutile, et cela reviendra au même. »

Sans commentaire, n'est-ce pas ?

En 1907, à Reims, c'est un vieillard de soixante-seize ans qui disparaît pendant quatre jours, sans que l'on songe à prévenir la famille; et quand sa femme, l'ayant su par hasard, court affolée à l'hôpital, on lui répond avec une charité toute laïque : « Cela ne nous regarde plus. Si vous voulez retrouver votre mari, cherchez-le. » (*La Croix*, 5 septembre 1907.)

Le 23 juillet 1906, la *Croix* disait, en parlant de l'hôpital Tenon :

Une femme, atteinte d'aliénation mentale, était placée en observation, il y a quelques jours, dans la salle Magendie. A la profonde stupéfaction des surveillantes, on trouva son lit vide avant-hier. Tout le personnel fut mis sur pied pour faire des recherches. Le directeur, pour exciter le zèle, promit un louis à qui retrouverait la folle. Le personnel fouilla vainement les vastes bâtiments. L'administration était fort anxieuse, quand, hier, un garçon de la pharmacie, qui rangeait des produits pharmaceutiques dans la cave, vit surgir une femme d'un panier. C'était la folle qui, pendant trente-six heures, était restée enfermée dans ce sous-sol sans prendre aucune nourriture.

En décembre 1907, entraient à l'hôpital d'Albi un pauvre aveugle et sa femme. Depuis, ces deux vieillards recevaient, le jeudi et le dimanche, la visite d'un fils et d'une belle-fille. Or, le 5 janvier, en arrivant à l'hospice, celle-ci apprend que son beau-père est mort, la veille. Indignée, elle ose crier sa plainte devant l'infirmière en chef. « Oh ! lui est-il répondu, je croyais que ce défunt était sans famille. » Et cependant il avait sa femme dans l'hospice et ses enfants lui faisaient des visites assidues.

Au commencement de l'année 1908, un journal radical-socialiste de Belfort, le *Réveil Belfortain*, très chaud partisan de la laïcisation, racontait qu'une pauvre femme étant morte à l'hôpital de cette ville, ses deux fils demandèrent à la voir.

Un employé les conduisit dans la pièce qui sert de dépôt mortuaire, et souleva le couvercle du cercueil. *Le corps de la défunte apparut entièrement nu* aux regards des deux fils, dont on peut juger la douleur et le désespoir. Ni vêtements, ni draps n'entouraient le corps de la malheureuse qui reposait sur une simple couche de sciure... En présence d'un tel fait qui dépasse l'imagination, nous nous demandons si nous sommes administrés par une bande de sauvages ou par des hommes civilisés.

Enfin, à la même époque, le *Journal de Clermont* (Oise) écrivait de son côté :

Il y a quelque temps, on aurait trouvé, morte dans un obscur réduit, une femme, la face entièrement dévorée par les rats. (Cité par la *Libre Parole*, 13 janvier 1908.)

Encore une curieuse histoire, celle de Vendôme, où mouraient en même temps une vieille demoiselle très pieuse et un sapeur-pompier retraité, ancien soldat du Mexique. Celui-ci devait être enterré civilement, et déjà la Libre-Pensée du crû commençait à sortir ses oripeaux laïques, quand une infirmière eut la malencontreuse idée de soulever un peu le suaire qui couvrait le cadavre. O surprise ! Elle a sous les yeux le visage calme et rigide de la vieille demoiselle, qui d'ailleurs avait déjà reçu de l'Eglise et de sa famille tous les honneurs d'une émouvante sépulture. Vous devinez la suite. On s'empressa d'exhumer, contre toute loi et sans aucune permission, le vieux soldat qui, enterré religieusement comme vieille fille le samedi, fut civilement inhumé le dimanche comme pompier. (*Libre Parole*, 16 septembre 1913.)

Toujours dans la *Libre Parole*, M. Albert Monniot avait écrit, deux ans auparavant :

Une pauvre femme de Paris, avisée du décès de son mari à l'hôpital d'Ivry, accourt pour reconnaître le cadavre et lui rendre les derniers devoirs.

— Avez-vous vingt-trois francs pour les obsèques ? demande l'économe.

— Je gagne vingt sous par jour...

— Tant pis. La commune ne peut subvenir à ces frais.

Alors, quoi, va-t-on jeter à la voirie les restes de l'être cher ?

La veuve se démène, émeut quelques amis, réunit péniblement la somme exigée et court la porter à l'hôpital.

— Inutile! le corps de votre mari n'est plus ici.

Elle qui comptait tant l'accompagner au cimetière, et probablement à l'église!

— Dites-moi au moins où est sa tombe, sanglote-t-elle, que j'aille y pleurer...

— Sa tombe!... Le corps a été dirigé sur l'amphithéâtre de l'Ecole de Médecine : a-t-il été autopsié, disséqué, incinéré? personne ne pourra vous le dire.

... Vous êtes bien à Paris, en l'an de grâce 1911, quarantième du régime démocratique et égalitaire.

Les malheureux n'ont même plus le droit à la tombe.

C'est le dernier mot de l'assistance laïque.

Qu'un homme de bonne foi se lève donc pour affirmer que pareille infamie eût été possible à l'hôpital desservi par les religieuses. (*Libre Parole*, 23 août 1911.)

---

3. — La Nourriture

Cependant nous sommes encore loin d'avoir tout vu, et l'incurie, que nous venons de flétrir, s'affiche avec peut-être plus de cynisme dans la nourriture. Je refuserais même de croire aux témoignages, aux plaintes, qui sur ce point arrivent de partout, si l'histoire n'était là pour nous apprendre que, séparé de toute influence religieuse, l'homme devient, selon le mot de Taine, « un gorille lubrique et cruel ».

Vous me pardonnerez d'évoquer tout d'abord un souvenir déjà vieilli.

L'hospice d'Ivry était à peine laïcisé depuis trois mois, que les plaintes des malades affluaient chez le directeur. Les journaux eux-mêmes ne tardèrent point à s'en mêler; et une feuille radicale de la banlieue de Paris, l'*Echo d'Ivry*, qui avait poussé bruyamment à la sécularisation de l'hospice, avait le courage de faire son *meâ culpâ*. Elle disait :

Le système précédent était bien préférable; il n'y avait ni surveillante, ni sous-surveillante, ni suppléante, ni surveillante nocturne; une Sœur dans chaque salle en avait la direction pleine et entière. Celle-ci commandait et aidait au service, et n'ayant à s'occuper que de vingt-six malades, elle connaissait mieux leurs souffrances, connaissait leurs besoins, prévenait leurs désirs, et les malades s'en trouvaient beaucoup mieux.

Tous les pensionnaires qui, depuis vingt-cinq ans, sont passés par l'infirmerie, ont admiré le dévouement et les soins intelligents que la Sœur Ursule prodiguait aux malades. Dès quatre heures du matin, elle était à leur chevet, distribuant aux uns du lait et du bouillon, faisant prendre aux autres les médicaments et les purges; la Sœur Ursule ne quittait ses chers malades que pour prendre ses repas à la communauté; après, elle revenait en toute hâte s'assurer de leurs besoins, les encourager et les consoler.

Si elle n'était pas dans la salle, on était sûr de la trouver dans son laboratoire, préparant de doux breuvages, de bons mets et d'excellents desserts, qu'elle distribuait à ses malades. Souvent on l'a vue acheter de ses propres deniers, au marchand qui passe dans les salles, du sucre, des pastilles et des biscuits dont elle régalait les vieux qu'elle soignait si bien.

Passant à l'alimentation, la feuille radicale continuait ainsi :

Les malades en état de prendre de la nourriture reçoivent comme les autres pensionnaires des aliments trois fois par jour : à sept heures, à dix heures et à quatre heures. Autrefois, on leur faisait des distributions supplémentaires de lait et de bouillon, le matin et le soir; mais, par mesures économiques, elles ont été supprimées et des malades qui, le soir à quatre heures, n'ont pris qu'un bouillon, doivent attendre jusqu'au lendemain sept heures, soit quinze heures, sans absorber le moindre réconfortant.

Jamais d'herbages cuits, tel que chicorée, oseille ou épinards, si recherchés par les malades dont l'estomac est fatigué par la souffrance, les médicaments ou la diète, et qui sont, comme on le sait, un puissant véhicule pour les médicaments. — Jamais non plus le moindre petit dessert ne vient égayer les yeux et l'estomac des malades, et pourtant les compotes, les pruneaux constitueraient à eux seuls, avec le potage, un excellent souper pour des vieillards sans appétit.

Autrefois, quand les Sœurs dirigeaient l'infirmerie, les malades étaient souvent gratifiés de bonnes tasses de chocolat ou de café au lait, de fines omelettes, d'excellentes compotes de pommes, de poires ou de pruneaux; ces friandises étaient dues à la générosité de M*** la Supérieure et aux offrandes des personnes charitables avec lesquelles elle était en relations.

Depuis le départ des Sœurs, toutes ces bonnes choses sont supprimées, et les malades s'en plaignent amèrement.

Sont supprimées aussi ces larges distributions de tricots, de gilets de flanelle, de cravates et de ceintures bien chaudes (l'administration ne délivre que pantalon, gilet, capote), et les fréquentes distributions de sucre et de tabac que la supérieure offrait de ses mains, dans les salles, avec une sollicitude toute maternelle, à tous les pensionnaires de l'établissement, même à ceux qui injuriaient les Sœurs, réclamaient très fort leur expulsion, et qui ne dédaignaient pas de tendre les mains pour recevoir ces largesses.

Cette page est sans doute un peu longue. Elle valait pourtant la peine d'être lue.

D'autres plaintes nous viennent de la même époque. Entendez, par exemple, ces doléances que poussait le *Cri du Peuple*, en 1886 :

Rue des Tournelles, à l'hôpital Andral, les surveillantes ne se contentent pas d'être impolies et brutales; il ne leur suffit pas de menacer de renvoi les malades qui se plaignent; on nous affirme qu'elles vont jusqu'à resservir à des malades le lait que des mourants n'ont pu prendre et qu'ils ont souillé de leurs déjections.

L'Eclair disait de son côté, le 18 novembre 1886 :

A l'hôpital Broussais, la soupe est rarement bonne et a très souvent un goût d'eau de vaisselle très accentué. La nourriture, très peu variée, est apprêtée sans soin, et les choux et les navets, pas toujours cuits, en forment le fond ordinaire.

A Beaujon, les rations de pain sont distribuées de façon qu'on voit de nombreux malades, notamment salle Saint-François, être contraints de manger leur viande sans pain.

Au repas du soir, à Tenon, les aliments sont parfois immangeables. En revanche, des suppléments de ration, pain et beurre frais, sont accordés libéralement aux favoris de l'administration.

*
**

Les choses ont-elles changé, de nos jours ? Vous en jugerez vous-mêmes par les témoignages que je vais mettre sous vos yeux.

Voici comment l'*Aurore* nous parlait, il y a cinq ans, des vieillards hospitalisés dans l'asile ultra-officiel de Nanterre :

Ils sont plusieurs milliers dans les vastes bâtiments mornes de la Maison de Nanterre, et les crédits affectés à l'établissement permettent tout juste de leur donner le strict minimum des choses nécessaires à l'existence.

Personne ne demande que l'on serve à ces malheureux des ortolans, de la dinde truffée. Mais le régime du haricot forcé — deux jours par semaine exceptés — semble vraiment excessif.

D'autant que l'administration, cela va de soi, n'acquiert pas la fine fleur... des haricots. Et pour faire cuire à peu près ces farineux récalcitrants, on fourre dans les marmites force potasse, procédé bien connu des cuisinières, mais qui n'en usent que d'une façon prudente et dans une mesure très restreinte. Il paraîtrait qu'à Nanterre on en sature les légumes, au point de produire de très fâcheux effets et d'indisposer sérieusement des chambrées entières d'hospitalisés.

Le *fayot* quotidien, c'est beaucoup déjà; mauvais, mal cuit, dangereux même, c'est trop.

Y a-t-il si longtemps qu'un groupe d'ouvriers, à peine sorti de l'hôpital maritime de Cherbourg, se plaignait d'y avoir trouvé « dans le traditionnel ragoût une chique de tabac et bientôt un bout de vingt centimètres de ficelle ?... » « Vous avouerez, observait-il avec raison, que cela devient dégoûtant. » Nous devons ce détail à l'*Univers* du 17 septembre 1904.

Y a-t-il si longtemps que la *Touraine Républicaine* disait :

A l'hôpital de Tours, la nourriture est mauvaise et insuffisante; le fait est connu.

Elle parlait ainsi le 27 février 1904.

Il est vrai que le président de la Commission administrative, un certain Pommier, serrurier d'abord, regratteur ensuite et enfin ardent socialiste, s'écria noblement dans une séance du Conseil municipal :

Si je savais que l'on fait à l'hôpital des économies au détriment des malades, mes amis et moi n'y resterions pas une minute de plus.

« Ce que voilait cette protestation, la polémique le prouva », observait, peu de temps après, une vaillante brochure d'où je tire les détails qui suivent :

Il fut établi qu'au lieu de 130 grammes de viande prescrits par les règlements, les malades n'en recevaient que 20 ou 30, et dans quel état!

Les mets, destinés aux malades, sont placés dans une sorte de chariot, dont l'état de malpropreté est vraiment écœurant. A sa vue, le malade le moins délicat et le plus affamé, a déjà dîné...

Autrefois les mets servis aux malades étaient jetés au baquet. Tout cela a été changé. Ils sont renvoyés à la cuisine et servis ensuite à d'autres malades. C'est ainsi que le morceau de viande, qui aura séjourné pendant une heure à côté du crachoir, au chevet d'un tuberculeux, peut être servi à un blessé. Le blessé pourra rentrer chez lui, guéri de sa blessure, mais emportant les germes d'une tuberculose qu'il communiquera à toute sa famille...

Un malade payant, M. Baillou, écrivait : « Je n'en ai pas eu pour mon argent. La nourriture est écœurante. 20 à 25 grammes de viande. Pour la soupe, bien des chiens n'en voudraient pas. Des choux pourris, décorés du nom de choux de Bruxelles : voilà le régime. »

Un maçon se plaint, lui aussi, de n'en avoir pas eu pour son argent. Il est resté à l'hospice du 9 février au 10 mars, et a passé vingt et un jours sans manger ou très peu. Pour refaire ses forces, il a été soumis au régime suivant : pas de vin; une soupe au choux, le matin à sept heures; bouillon et environ 30 grammes de bouilli, à dix heures, plus une ou deux cuillerées de haricots ou de pommes de terre n'ayant ni goût ni saveur; le soir, à quatre heures, même répétition, sauf les légumes qui étaient choux de Bruxelles ou riz, mais toujours assaisonnés de la même façon; et, pour compléter chacun des repas, un œuf cru dans un bouillon dit américain.

Tant de sordides économies ne rendaient cependant pas les finances prospères. Avant l'arrivée des socialistes, il y avait toujours excédent : or, le déficit, prévu pour 1904, atteignait le chiffre de 104.000 francs. Ne serait-ce point ici le cas de se demander : « Où passe donc tout cet argent ? »

J'ai senti déjà des flots de colère vous monter au cœur. Mais nous ne sommes pas encore au bout: il nous reste même un assez long chemin à parcourir.

La *Presse* a rapporté ce fait que je trouvais, le 3 février 1905, dans le *Nouvelliste de Bordeaux* :

Une femme, dénuée de toute ressource et complètement aveugle, fut conduite, vendredi matin, à la consultation de huit heures, à l'Hôtel-Dieu. On voulut bien l'admettre à Laënnec. Mais, le lendemain, à midi, on la mit à la porte, parce qu'elle n'avait point d'autre maladie que sa cécité. Depuis son entrée à Laënnec, elle avait pris en tout et pour tout un verre de lait, dans l'après-midi de vendredi. On lui avait refusé toute autre nourriture, sous prétexe qu'elle n'était pas du quartier.

Vrai, ne descendons-nous pas au-dessous des Canaques ?

Le 21 novembre 1906, l'*Autorité* publiait cette lettre qui dénonçait l'affreuse nourriture donnée aux malades et au personnel de l'hôpital Trousseau :

Depuis le commencement du mois, on constatait que tous les plats assaisonnés à l'huile étaient immangeables. Les infirmiers et infirmières, nourris chez eux, avaient dû jeter leur provision d'huile. On ignorait d'où cela venait, lorque l'on découvrit que, depuis un certain temps, une souris morte macérait dans le tonneau! Quand je dis : on l'ignorait, la surveillante de cuisine le savait parfaitement, mais n'avait pas voulu perdre la provision! Quelqu'un du personnel s'étant plaint au directeur de l'hôpital, celui-ci, immédiatement, menaça de mettre à la porte.. le plaignant.

Il soutient envers et contre tous sa surveillante de cuisine, et s'inquiète si peu de la nourriture de ses administrés que, lorsque les aliments sont en plus grande quantité qu'à l'ordinaire, on les jette plutôt que d'en faire profiter le personnel...

Deux mois auparavant, le 29 septembre, l'*Eclair* disait à son tour :

Je ne veux pas m'appesantir sur la quantité et la qualité de la nourriture donnée aux malades. Tous vous déclareront, sans parti pris : « Elle est infecte! » On pourrait s'étonner aussi, en effet, de voir distribuer à des gens que l'on va opérer, et à qui on va peut-être ouvrir le ventre, de la choucroute, du bœuf aux lentilles, des haricots rouges au lard rance, ou de la morue salée nageant dans la colle de pâte! On sert rarement des légumes... sous le prétexte que l'on donne du lait! On apporte du mouton, cinq fois de suite, et quel mouton!... si odorant, si dur, que les malades s'amusent à le faire sauter dans leur assiette avant de le renvoyer aux cuisines. Pourtant, avec les sommes dont dispose l'Assistance publique, la nourriture pourrait être légère et choisie, mais trop de gens s'occupent de l'alimentation...

Une lettre parue dans la *Liberté*, le 3 avril 1907, parlait en ces termes de l'un des plus grands hôpitaux de Marseille :

La nourriture est insipide. Le matin, à sept heures, une soupe, dont l'odeur, la vue, le goût ne peuvent en rien éveiller un appétit altéré par la maladie; à midi, un plat de viande filandreuse, nerveuse, avec des pois cassés d'un goût poussiéreux; le soir, à cinq heures, même menu.

Un verre de vin ou de lait, à chaque repas. Tout cela servi malproprement, avec l'humeur brutale et hargneuse qui caractérise le personnel inférieur de l'hospice.

J'ai entendu une fille de service répondre à un malheureux, à qui on n'avait pas servi son repas et qui le réclamait : « Tiens! c'est vrai : je vous ai oublié... Tant pis! Je n'ai pas le temps. »

En 1908, le *Démocrate*, feuille radicale, disait de l'hôpital d'Amiens :

Quant à la nourriture, elle est au-dessous de tout. Les denrées sont de qualité passable. Mais leur préparation est mauvaise et la cuisine en arrive à servir des plats immangeables.

Le 10 décembre 1909, vous auriez pu lire dans le *Publicateur de Béziers* :

Je n'apprendrai rien à personne, en disant que les soldats sont nourris à l'hôpital d'une façon exécrable; on est certainement mieux traité dans les maisons centrales.

Le *Gaulois* du 10 avril 1910 ne nous assurait-il pas que, le dimanche précédent, dans un hôpital parisien, toute une salle fut privée de déjeuner, parce que toutes les gardes avaient pris la clé des champs ?

Voici ce que nous racontait la *Croix* du 18 avril 1910 :

Hier, au cours de la visite de M. Chéron à l'hôpital Bodelio, un incident s'est produit : des malades se sont plaints de la façon dont ils étaient soignés; ils ont dit au ministre que le lait qui leur était donné était très mauvais. Le lait fut examiné et on dût reconnaître qu'il n'était pas buvable. Ce qui n'a pas empêché M. Chéron d'adresser des félicitations au personnel infirmier.

Même scandale à l'hôpital mixte de Montluçon. Un jour, quelqu'un s'avise-t-il d'envoyer au laboratoire municipal de Châteauroux quelques échantillons du lait fourni aux malades, on y trouve un mouillage de 35 %. C'est le *Matin* qui a levé ce lièvre. (*Univers*, 22 avril 1911.)

Entendez ces plaintes que les hospitalisés de Saint-Etienne confiaient naguère à la presse :

Voici plusieurs jours que les légumes sont immangeables. Aujourd'hui, à dix heures, les haricots verts étaient aigres et crus. Chaque fois qu'il y a haricots, c'est la même chose. La soupe du matin est aigre... Dans tous les pavillons ce sont les mêmes réclamations.

Et pourtant, dans cette ville, le budget de l'Assistance publique atteint les 40 % du budget total. (*Croix*, 8 août 1913.)

L'hospice de Jouarre est aussi le théâtre d'abominables scandales. Admirez ce joli portrait.

Pas de feu par les froids les plus rigoureux, pas de lumière, pas de nourriture, pas de soins. Les infirmiers sont recrutés au petit bonheur; les sonnettes sont supprimées dans les chambres; la viande est pourrie; les œufs sont incomestibles; les rats ravagent tout; les légumes verdissent dans les caves; le vin est additionné d'eau dans d'effrayantes proportions; la literie moisit sous les combles; *des malades meurent abandonnés.* « Economisons!... » Tel est le mot d'ordre.

La surveillante générale, Mme Hagnié, ancienne infirmière des Quinze-Vingts, s'avise-t-elle de crier très haut son indignation, elle est aussitôt mise à la porte.

Quelle est donc l'âme de tous ces désordres ? C'est un cordonnier sans clientèle, M. Folmer. Nul n'osait lui confier son pied : mais on n'hésite point à mettre dans ses mains la vie des vieillards et des malades.

Sous-préfet, inspecteur, tout le monde convient que M. Folmer doit partir. « Mais, observe-t-on, comme il nous a rendu de grands services politiques, nous le laisserons à l'hospice, tant que le gouvernement ne lui aura pas donné un bureau de tabac. » (*Libre Parole*, 10 février 1913.)

Que vous dire de l'asile de Montperrin, où concussions et prévarications, vols et tripotages, immoralités et cruautés de tout genre pullulaient, sous la haute protection des influences parlementaires locales, qui étouffaient les surveillances, les contrôles, jusqu'à la justice ? Les malheureux pensionnaires y croupissaient dans la misère et la vermine, dans l'ignominie et dans la faim. Un journal hebdomadaire, la *Défense sociale* nous apprend

... que non seulement le boucher leur portait journellement des quartiers de bœuf auxquels il manquait tantôt l'épaule, tantôt la partie charnue, mais encore que le poids de la livraison était complété par une corbeille d'os de vingt à trente kilos.

La même feuille nous parle aussi

... des 90 kilos de saucisses que l'économe donnait à manger le jeudi aux malades et qui, toutes, allaient au baquet... Et quoi d'étonnant qu'elles fussent immangeables ? Elles étaient fabriquées avec de la tétine à trois sous le kilo et de la *poupette* à huit sous, le tout rougi avec du carmin. L'asile le payait pourtant bel et bien 1 fr. 60 le kilo.

Il en était de même pour l'huile, pour les confitures et les desserts. Les aliénés s'en vont un jour trouver le directeur et lui montrant une poignée de figues pourries que leur a fait servir l'économe : « Nous ne sommes pas encore assez fous, disent-ils, pour manger cette saleté. » La Cour d'assises d'Aix en a entendu bien d'autres. (*Croix*, 7 février 1911.)

Mais il paraît qu'en revanche l'hospice était pour certaines puissances du Bloc un agréable lieu de villégiature. On allait y passer quelques jours en joyeuse compagnie et y faire ripaille, aux frais des pauvres fous. Tandis que le champagne fusait dans les salons, les internés hurlaient de faim et de froid (*Croix*, 6 octobre 1910.)

Pauvres malades qui devraient pourtant nous inspirer une si profonde compassion! L'un d'eux, interné à l'asile de Clermont (Oise), écrivait, le 2 janvier 1908, au journal de cette ville :

J'ai demandé du pain, j'ai été frappé, terrassé et camisolé pour réponse.

Malade, le docteur m'ordonna de l'eau de Vichy : pendant environ dix à quinze jours, j'ai eu juste deux paquets de sel.

Actuellement, par ce froid, les malades sont jetés pieds nus et presque sans vêtements chauds dans la cour. S'ils ne sont pas assez vifs au coup de sifflet, les coups et les bourrades sont à discrétion.

Je ne puis vous en dire plus long. *Tachez de nous faire obtenir du pain à notre faim...*

Documentée par le *Journal de Clermont* et l'*Eclaireur de l'Oise*, la *Libre Parole* du 13 janvier 1908 nous racontait que dans cette géhenne, véritable fief de la Franc-Maçonnerie,

... tout secours religieux est impitoyablement refusé aux malheureux internés, sous prétexte qu'ils n'ont pas conscience de leurs actes ou de leurs paroles. Depuis longtemps déjà, disait-elle encore, l'aumônier a été supprimé et les 215 infortunés, décédés à l'asile pendant le cours de l'année dernière, ont été d'office enfouis civilement.

Encore un trait qui mettra fin à ce chapitre.

Vous souvient-il de ce que nous apprenions, en 1911, sur cette maison de Vermireaux où l'Assistance publique envoyait ses enfants en correction ?

Les jeunes gens étaient indignement nourris. Quand on leur donnait de la viande, elle était souvent pourrie, et les chiens eux-mêmes n'en voulaient pas. Le plus souvent une soupe aux fèves et du pain dur. L'ancien gardien Huchard raconte qu'un jour un inspecteur invita la femme Loliveau à enfouir la viande corrompue trouvée dans un saloir. Malgré cet ordre, la viande fut distribuée aux pensionnaires. (*Libre Parole*, 19 et 20 juillet 1911.)

Ces atrocités n'ont pas besoin de commentaire. Elles ont une éloquence à faire pleurer des marbres; et leur simple récit, en marquant au front d'une honteuse flétrissure tous nos misérables laïcisateurs, les range à côté du bourreau.

————

4. — La Mortalité

Vous pensez bien que tant de désordres amènent à leur suite une effrayante mortalité. Les faits et les témoignages sont là pour l'établir.

Dès 1886, le *Moniteur Universel* disait :

L'hospice des Incurables d'Ivry a été laïcisé le 31 décembre 1884. C'est à cette date que les Sœurs de Saint-Vincent-de-Paul ont été remplacées par des infirmières laïques.

Avant la laïcisation de cet hospice, la mortalité, sur une population de 2.000 pensionnaires, ne dépassait jamais par an 300 à 310 décès.

En 1885, la population n'étant pas augmentée, il y a eu *sept cent quinze décès*. La mortalité a donc enlevé *plus d'un tiers* des pensionnaires.

Or, comme l'hospice d'Ivry n'a été frappé, l'année dernière, du moins que nous sachions, par aucune épidémie, à quoi attribuer cette effrayante progression dans le nombre des décès, sinon à la façon par trop laïque dont les pauvres incurables sont maintenant soignés ?

Ces désolantes proportions se retrouvent ailleurs. Le docteur Desprès disait à M. Chincholles, rédacteur du *Figaro* :

Il y a des chiffres devant lesquels on est obligé de réfléchir. Dans mon service, du temps des Sœurs, la mortalité était de

1 %. Depuis qu'il y a des laïques, elle est de 5 %. Pourquoi ? Parce que les Sœurs ne quittaient jamais l'hôpital, parce qu'elles accouraient au premier appel des malades, parce qu'elles n'accomplissaient pas une profession, mais un devoir...

Entrons aux Enfants Assistés. Là, depuis le remplacement des Sœurs par les laïques, la mortalité a quintuplé. C'est que les nouveau-nés, surtout ceux qui sont entassés là, exigent des soins incessants, et que les Sœurs, ces dignes vierges, sont des mères exquises.

Une enquête générale aboutirait partout aux mêmes résultats. Une statistique ne nous apprenait-elle pas, en 1905, que, depuis la laïcisation, la mortalité s'est accrue, surtout dans les hôpitaux militaires du Tonkin et de l'Afrique, de 33 % ? C'est vraiment payer un peu cher la faveur de n'y voir plus de cornettes.

Le docteur Queyrel n'avait été nommé président de la Commission des hospices de Marseille que pour laïciser les hôpitaux. Mais il observa bientôt lui-même que « les remplaçantes des religieuses n'offraient pas les garanties techniques suffisantes et que *la mortalité dans son service avait notablement augmenté* ». Aussi ses pressantes démarches ramenèrent bien vite trois religieuses près des malades.

A Bordeaux, le professeur de gynécologie ne se plaint-il pas que, par faute d'asepsie du matériel chirurgical, la mortalité soit relativement fréquente dans son service ? Et s'il lui arrive de réprimander la cheftaine, l'administrateur le mande d'urgence et lui en fait de sévères reproches. Nous avons pu lire cela sous la signature du Dr Cruchet, dans le *Journal de médecine de Bordeaux*. (*Libre Parole*, 9 mars 1912.)

Après tout ce que vous avez entendu, rien ne saurait plus vous étonner. Et pourtant que d'horribles choses je pourrais dire encore !

A Nanterre, par exemple, pour le plus grand profit des entrepreneurs et des fonctionnaires, les pauvres hospitalisés meurent de froid ; et, en 1907, on signalait à la septième commission du Conseil général de la Seine ces monstrueux artifices.

Pour user moins de combustible et par conséquent réaliser de sérieux bénéfices sur le chauffage, quelqu'un avait, ni plus ni moins, imaginé un truquage en règle des thermomètres placés dans les salles. Spécialement construits pour cela, ils marquaient toujours quatre degrés de plus que la température réelle. Naturellement, personne ne se doutait de la supercherie, et ce n'est qu'après sa découverte que beaucoup d'hospitalisés ont enfin compris pourquoi ils avaient froid, alors que les thermomètres indiquaient une température très supportable.

Par ailleurs, on usait, toujours pour ne pas dépenser de combustible, d'un stratagème incroyable.

Les ventilateurs, mus par la vapeur, devaient constamment aérer les pièces. Un manomètre, placé au rez-de-chaussée, au-dessus des machines du sous-sol, indiquait la pression. Or, les machines ne marchaient pas, mais le manomètre, réglé en conséquence, indiquait imperturbablement la pression exigée par le cahier des charges! Enfin, des majorations très graves ont été relevées pour l'exécution de divers travaux. L'ensemble des malversations atteint, dit-on, une très grosse somme.

Vous venez d'entendre la *Croix* du 24 octobre 1907.

Ailleurs, au contraire, on étouffe de chaleur. En voici la preuve, donnée par une feuille non suspecte de cléricalisme, le *Cri de Paris* :

Le 14 juillet dernier (c'était en 1902), un chef de service d'un grand hôpital parisien pénétrait dans ses salles où régnait une chaleur atroce.

La température lui parut tellement insolite qu'il se livra à une petite enquête et — à sa grande stupéfaction — constata que le calorifère chauffait comme en plein hiver!

Il risque une timide observation au directeur de l'hôpital, qui lui fit cette réponse :

« — Que voulez-vous! Je n'y puis rien! J'ai un chauffeur qui doit travailler, un stock de charbon qui doit être brûlé. Alors... »

Et le brave docteur, abasourdi, court encore...

S'il y a du charbon à brûler en été il faut bon gré et mal gré que les malades rôtissent; si, en hiver, la consommation de combustible dépasse le stock alloué, les malades gèleront. Il faut avant tout ne pas compliquer les écritures!!!

O philanthropie maçonnique, que tes œuvres sont belles!

Le 29 septembre 1906, l'*Éclair* nous disait que

... la nuit, l'hôpital devient un enfer dantesque; et il faut réellement tenir à la vie pour n'en point désespérer au milieu de toutes ces agonies, de tous ces râles, de toutes ces plaintes, de tous ces cris et de toutes les puanteurs qui s'exhalent des blessures ou des poumons des hospitalisés. C'est un fait reconnu : *le malade, à l'hôpital, ne dort jamais la nuit...* à moins qu'on ne l'initie aux douceurs de la morphine.

C'est pour cela, sans doute, que l'administration parisienne place toujours, la nuit, dans les salles, les infirmières qui débutent, celles qui n'entendent rien aux soins des malades.

Un rédacteur du *Matin*, devenu pour quelques jours infirmier à l'hôpital Saint-Antoine, écrivait dans ce journal, le 4 novembre 1907 :

Les questions de vie ou de mort, auxquelles, simples particuliers, nous attachons, à tort ou à raison, une si grave importance, apparaissent ici, entre les murs de l'hôpital, totalement dénuées du plus mince intérêt.

Un exemple entre mille

Un soir, où je me trouvais de planton, on amena dans un fiacre un jeune sculpteur, M. Levinson, domicilié 127, faubourg Saint-Antoine, qui venait d'être écrasé par les roues d'un camion. De sa gorge béante le sang coulait en abondance. Il râlait, mais avait encore toute sa connaissance. D'un doigt furtif et comme détaché, l'interne palpa la plaie : « Portez-le salle Blandin, je vous suis. »

Trois quarts d'heure durant, nous attendîmes l'interne. Le blessé demandait à boire, en hoquets épuisants, et marbrait de rouge les barreaux de sa couchette. L'interne arriva juste à point pour le voir exhaler son dernier souffle. Je m'indignai, criant tout haut à la honte, au scandale. « Un bon conseil, me dit mon collègue. Gardez vos réflexions pour vous. Six mois d'hôpital, *et vous trouverez cela tout naturel.* »

A rapprocher de ce fait l'histoire du pauvre garçon boucher, Boutteny, qui, le ventre perforé, est vite conduit à l'hôpital Beaujon. Là il a beau se tordre en d'horribles convulsions, pousser des cris déchirants et perdre tout son sang, rien n'y fait : il reste trois quarts d'heure sans recevoir le moindre soin et meurt dans la journée. « C'est un véritable assassinat ! » disait ensuite son maître, M. Lirochon. (*Autorité*, 31 octobre 1909.)

*
* *

La mort doit être contente de nos laïcisateurs : car ils lui préparent joliment les voies. Tarde-t-elle à venir, leurs mercenaires précipitent plus d'une fois sa marche par leur incurie, par de coupables distractions ou de sauvages violences.

Le 21 juillet 1906, nous lisions dans la *Croix* :

Depuis six mois, par un défaut de précaution, six malades, en traitement à l'hôpital Tenon, ont pu se jeter par la fenêtre.

A l'hôpital Saint-Antoine, c'est M. Closquinet qui se pend dans les water-closets, où un malade l'y découvre, non sans effroi. (*Libre Parole*, 29 décembre 1912.)

A Lorient, c'est un malade qui se pend dans une salle de l'hôpital Bodelio; un autre se tranche la gorge. (*Croix*, 3 janvier 1914.)

A l'hôpital de la Grave, à Toulouse, c'est un pauvre fou qui se pend dans sa cellule. (*Croix*, 3 juillet 1913.) Peu de jours auparavant, dans le jardin de ce même hôpital, et sous les yeux de deux cents témoins qui, du pont Saint-Pierre, contemplaient, indignés, cette scène, des infirmiers avaient à moitié assommé à coups de bâton un jeune homme de vingt-deux ans, Maurice Raynaud. (*Croix*, 24 juin 1913.)

Il en fut ainsi dès l'origine.

Sur cinq surveillantes laïques qui m'ont été successivement données en moins de trois mois, deux ont dû être déplacées, à la suite de défauts d'attention qui ont coûté la vie à deux de mes malades.

C'est le Dr Desprès qui parle ainsi.

Il disait encore :

Les surveillantes et infirmières laïques substituées aux religieuses, ont déjà, en dix-huit mois, quatre morts par imprudence à leur charge : une malade étouffée dans un bain; trois empoisonnements par lavement d'acide phénique, un à l'hôpital Tenon, un à l'hôpital Laënnec, et un à l'hôpital Cochin.

Les religieuses donnaient elles-mêmes les médicaments, tenaient sous clé les substances dangereuses, tandis que les surveillantes laïques, plongées dans la lecture de quelque roman, livrent aux filles de service l'armoire aux poisons et laissent ces pauvres ignorantes brûler avec des mixtures infernales les intestins des malades.

Au mois de mars 1905, à l'hôpital de Salins, dans le Jura, un malade, auquel le médecin avait prescrit quatre gouttes de liqueur Fowler avant chaque repas, absorbait, par la monstrueuse faute de l'infirmière, une telle quantité du liquide arsénical — cent fois et plus la dose commandée — qu'il fut pris aussitôt de vomissements affreux et n'échappa que par miracle à une atroce agonie, à une mort épouvantable. (*Croix de Montauban*, 9 avril 1905.)

Ce trait me rappelle le bain de sable torréfiant, où fut plongée et retenue, malgré ses cris, malgré ses hurlements, Mlle Brun, en traitement à l'hôpital Saint-Antoine. Vous devinez le résultat. Écorchée vive, la malheureuse victime fut, toute une année, dans l'impuissance de se livrer au moindre travail; et l'Assistance publique lui offrit la ridicule indemnité de 3.000 francs. (*Croix*, 9 avril 1909.)

Le 24 septembre 1907, une infirmière, Mme Grémillet, ne trempait-elle pas dans un bain trop chaud une fillette de deux ans et demi? Atrocement brûlée, l'enfant expirait bientôt en d'horribles souffrances.

Pères et mères, rassurez-vous : la direction de l'Assistance publique nous a fait savoir, depuis, qu'elle avait pris des « *mesures énergiques pour que de pareils faits ne puissent se renouveler.* » Voilà qui doit nous inspirer confiance !...

Nous avons mieux encore... ou pire : cela dépend du point de vue. Par exemple, le scandale révoltant que dénonçait le *Nouvelliste de Bordeaux*, le 7 mai 1904. Dans le Rhône, à l'asile départemental d'aliénés, un gardien et un infirmier venaient de frapper sans motif, à coups de pied et à coups de poing, un pauvre malade, Beynet. En le piétinant, ils lui avaient même enfoncé deux côtes.

Comment expliquer le silence que font autour de ces crimes les journaux blocards et révolutionnaires ? Que devient ici leur ardent amour du peuple et de la vérité ? Ils vantent sur tous les tons la *Société protectrice des animaux;* ils se pâment de colère et de douleur devant les brutalités qu'endurent des ânes et des chiens : et ils n'ont jamais une parole de blâme contre les sévices des infirmiers laïques... Mais passons.

Pendant le mois de mars 1905, à l'hospice de Nanterre, une vieille femme mourait de froid : on l'avait enfermée, la nuit, dans la cage de l'escalier.

Cette histoire n'est pas la seule de son espèce. Au commencement de l'année 1906, nous lisions dans le *Messager de Valence :*

Un vieillard, âgé de soixante-dix ans environ, était, depuis quelque temps déjà, pensionnaire de l'hospice. Chaque dimanche, le brave homme faisait une promenade en ville.

Un de ces derniers dimanches, le vieillard, qui était allé chercher au fond de son verre un peu de soleil et de printemps, rentra le soir à l'hospice dans un état de douce gaieté.

Pour le punir d'avoir causé un aussi terrible scandale (!!!) on ne trouva rien de mieux que d'enfermer à double tour le bonhomme dans le cabanon des fous. A peine si on lui épargna les menottes et la camisole de force.

Le lendemain matin, le vieillard gisait à terre, raide de froid, mort.

Continuons à voir se dérouler ces lugubres théories de violences et de crimes.

A Marseille, un pauvre fou, Jean Sabaton, suivait un traitement à l'asile Saint-Pierre. Or, voici qu'un jour, ses gardiens, pris de vin, s'acharnent contre lui, le roulent sur le sol, le frappent avec une telle férocité qu'ils lui brisent le sternum et lui enfoncent douze côtes. Il expirait, le lendemain. Deux mois après, en avril 1905, la Cour d'assises des Bouches-du-Rhône condamnait à trois ans de prison le gardien Barthélemy. L'acte d'accusation portait que les bourreaux avaient malmené leur victime avec une inconcevable sauvagerie. (*Croix de Montauban*, 8 janvier 1905.)

Il n'y a pas si longtemps que la Cour d'assises de Bordeaux condamnait à huit ans de réclusion le surveillant Vergniaud, convaincu d'avoir étouffé un malade dans un asile. (*Croix*, 25 avril 1912.)

Vous souvient-il encore des cris assourdissants que poussait, un jour, la presse jacobine contre une Religieuse, coupable seulement d'avoir tenu près du poêle une petite fille et de lui avoir ainsi causé de légères brûlures ? Mais quand, à l'hospice de Tours, un vieillard qui, par ordre, travaillait auprès d'un réchaud, renverse le feu et se brûle des pieds à la tête, sans que nul entende ses cris, la même presse devient aussi muette que les poissons. On écrit sur le registre : « *Mort par accident.* » Et tout est dit. La justice n'y voit jamais que du feu. Nos bons Esculapes poussent tout de même un peu loin la complaisance : ne frise-t-elle pas ici la complicité ?

Ainsi, n'est-ce pas ? mort par accident à l'hospice de Marseille, ce pauvre Louis Daufragne, qui, accablé de mauvais traitements par un infirmier, succombait, le lendemain, 29 janvier 1908, à une méningite ?

Mort par accident toujours, cet infortuné Méchin, conduit à l'hôpital de Tours, le 8 décembre 1903, et mis dans la troisième section des aliénés, sans doute parce qu'il avait seulement une paralysie générale qui l'empêchait de parler ? Deux jours après, pour le punir d'une démarche importune, le gardien-chef, un certain Redureau, déjà nanti de *sept* condamnations, dont une à six mois de prison, veut lui passer la camisole de force. Méchin résiste. Mais une troupe de peaux-rouges accourt aussitôt et l'étrangle en deux minutes avec une sauvage brutalité.

L'autopsie aboutit à cette conclusion que l'on se trouvait en présence d'une « *mort subite chez un paralytique général.* » Fort bien. Mais que penser du médecin en chef, M. Archambault ? De deux choses l'une : c'est un imbécile ou une canaille. Pas de milieu. La Commission se garda pourtant bien de le renvoyer. Elle n'avait pas congédié davantage Redureau ni ses dignes acolytes. Vous pouvez par là saisir sur le vif l'esprit qui anime nos laïcisateurs et deviner presque toutes les atrocités qui se commettent derrière les murailles de leurs hôpitaux.

Mort aussi par accident, à l'hôpital de Dijon, ce petit soldat, presque un enfant, dix-neuf ans à peine, qui s'appelait Théophile Martin ? Un soir, d'une voix dolente, il suppliait de changer son linge, tandis que les infirmiers jouaient aux cartes, dans la salle, à quelques pas de lui. La partie était bruyante, animée... Et l'enfant gémissait toujours !

Soudain, raconte le *Bien Public*, qui n'a reçu ni démenti ni papier timbré, un partenaire se lève. Avec des gestes d'impatience et de colère, il s'approche du lit, tire les couvertures et les amasse sur la tête du malade. Puis, tranquilles cette fois, les infirmiers reprirent joyeusement la partie : ils n'entendaient plus rien.

Mais, le lendemain, 5 septembre 1905, on lut aux registres de l'état-civil de Dijon, rubrique des décès, ces deux lignes : « Théophile Martin, soldat au 27° de ligne, à l'hôpital, 19 ans. » Le pauvre Théophile avait changé de linge : au lieu de draps, il avait un suaire.

Morte encore par accident, à l'asile départemental de Naugeat, cette jeune femme de trente ans, dont la fin fut entourée de conditions atroces qui déconcertent l'imagination ? Mise dans une baignoire avec la camisole de force, on la trouvait bientôt ébouillantée; des lambeaux de sa chair flottaient sur l'eau. Que s'était-il donc passé ? Oh ! une chose bien simple. La surveillante ayant disparu un moment, une folle, qui passait par là, jugea bon d'ouvrir sur la baigneuse le robinet d'eau bouillante. Vous devinez le reste.

Charmant asile que ce Naugeat ! L'opinion publique l'a baptisé du nom de *pétaudière*. Ne vous en étonnez pas : c'est une succursale de la Loge maçonnique. (*Gazette du Centre*, 26, 28 et 30 mai 1912.)

Morte par accident, n'est-ce pas ? puisque le veut ainsi la formule, Mme Lemarchand, victime, à l'hôpital Sainte-Anne, d'un meurtre abominable ? C'était en fin décembre 1912. Sur le soir, comme la pauvre malade suffoquait et réclamait de l'air, trois ou quatre infirmières, désespérant d'en venir à bout et nullement désireuses d'ouvrir les fenêtres, commencèrent par lui mettre la camisole de force.

Mme Lemarchand, toujours suffoquante, criait toujours. Alors, ces « dames »... pleines d'abnégation et de dévouement, ne trouvèrent rien de mieux, pour la faire taire, que de s'asseoir, qui sur sa poitrine, qui sur ses jambes, qui sur ses bras. Oh! elles l'étouffaient en riant, insensibles même au pardon que leur jetait la moribonde. Mme Lemarchand s'évanouit... et ne se réveilla plus. (*Eclair*, 7 juillet 1913.)

C'était grave, je pense. Eh bien! les infirmières, dénoncées le matin, reprenaient leur service, le soir même.

*
* *

Je voudrais ne rien laisser dans l'ombre. Mais comment y réussir? Des volumes ne suffiraient pas à tout dire. Je cite à la course quelques-unes des notes qui remplissent mon dossier.

Le citoyen socialiste Forest, au Conseil général de 1904, fut des 23 qui votèrent l'expulsion des Sœurs de l'asile de Mâcon.

Et voici qu'il écrit, dans le *Socialiste de Saône-et-Loire*, que maintenant on y « brutalise » — le mot est de lui — les vieillards. Il le prouve avec des noms et des faits.

Un pauvre vieux de soixante-quinze ans se plaint encore des suites de blessures qu'il reçut le 30 mai. Un autre « qui ne pouvait plus supporter d'être le souffre-douleurs de ces brutes » — je cite toujours — vient d'essayer de se suicider. Un autre s'est jeté dans le puits de son gendre, un jour de sortie : on lui refusait du pain; on lui avait infligé trois mois de consigne pour avoir voulu se plaindre au directeur.

Le citoyen Forest ajoute qu'il y a des faits encore « plus édifiants et beaucoup plus scandaleux ». (*Croix*, 30 décembre 1913.)

De Mâcon passons à Lorient.

En 1912, un malade croyant absorber la potion qui lui était ordonnée par le médecin, absorbe un flacon de morphine et meurt dans des souffrances atroces.

La ville de Lorient, attaquée par la veuve du malheureux, est condamnée à lui servir une pension.

A l'hospice civil, un enfant, atteint du croup, ne peut être admis à l'hôpital pendant la nuit, malgré l'ordonnance du médecin. Le lendemain, on le met en traitement, mais c'est trop tard : il meurt quelques heures après.

Un enfant de l'île de Groix, hospitalisé aux frais du département, fut laissé sans surveillance à l'hôpital Bodello. (Toute l'après-midi, aucune infirmière ne parut dans la salle.) L'enfant s'approcha trop près du poêle central. On le retira à moitié carbonisé, et il mourut au milieu d'horribles souffrances. (*Croix*, 3 janvier 1914.)

Les choses ne vont certes pas mieux, à Vendôme.

Si nous en croyons les journaux de la région, on a vu un mourant délaissé, tandis que ses infirmières dansaient sous ses fenêtres au son d'un accordéon dont jouait un militaire. (*Echo du Centre*, 1ᵉʳ février 1912.)

On cite plusieurs malades laissés sans surveillance qui sont tombés de leur lit et en sont morts. (*Echo du Centre.*)

Mais voici autre chose. Dernièrement le chirurgien de l'hôpital prévenait qu'il ferait une opération le lendemain et commandait qu'on lui préparât le nécessaire. Le lendemain matin, à l'heure dite, il opérait la malade ; mais au moment de lui recoudre l'abdomen, il constata que le *catgut* qu'on avait préparé était de mauvaise qualité... Il envoie en hâte à la pharmacie pour en chercher d'autre; la surveillante refuse net, ce n'était pas l'heure du service des remèdes! Le chirurgien qui restait en face de sa malade et de l'opération interrompue se fâcha tant et si bien qu'il obtint non sans peine le *catgut* demandé, grâce à une aide volontaire amenée par lui en raison de l'insuffisance du personnel. La malade put être sauvée, mais seulement grâce à l'énergie de l'opérateur. (*Echo du Centre*, numéros des 17 et 20 février 1912.)

Le *Progrès de Loir-et-Cher*, journal socialiste, ayant sommé les administrateurs de l'hospice de démentir ces faits, attend toujours la réponse.

Le *Combat*, feuille socialiste, nous édifie en ces termes sur l'hôpital de Saint-Quentin :

Pour une raison que nos lecteurs comprendront parfaitement, nous nous abstenons de parler de l'Hôtel-Dieu dans le *Combat*.

Force nous est aujourd'hui d'en dire un mot, parce que le cas rentre dans la catégorie des faits-divers. Nous ne surprendrons personne en disant que la « surveillance » est défectueuse, que pendant les heures de visite notamment, les surveillantes sont absentes des salles et que les malades peuvent fumer et boire sans se gêner.

Il y a quelques semaines, on amena un fou à l'Hôtel-Dieu. On le plaça dans les salles. N'étant pas surveillé, il eut une idée de fou; il se jeta par la fenêtre. On le rammassa sur le sol, alors qu'il souffrait de lésions internes. On le porta au cabanon. Il y resta un certain nombre de jours, puis, finalement, on le rapporta dans les salles, où il mourut deux jours après. Et d'un!

La semaine dernière, on amenait à l'Hôtel-Dieu un autre fou. Il était dans un état pitoyable et l'on pouvait juger à première vue qu'il était malade. On le conduisit au cabanon. Il y est mort. Et de deux! Nous ne disons pas qu'il est mort faute de soins — mais nous affirmons qu'il y a parmi les infirmiers une bête brute qui a l'habitude de maltraiter les malades — et les fous. Et si mesdames les surveillantes s'en occupaient un peu, tout cela n'arriverait pas. Et si le grand manitou de l'Hôtel-Dieu recrutait mieux son personnel, ces faits-là ne se produiraient pas

Il y a eu une descente de Parquet. Le procureur de la République y a passé une journée entière pour interroger le personnel. M. le juge de paix a fait une enquête de son côté.

Nos lecteurs comprendront que nous n'ajoutons aucun commentaire.

Le *Journal de Saint-Quentin*, qui cite cet article, ajoute plusieurs traits encore plus lamentables. (*Croix*, 9 avril 1912.)

Enfin, pour peu que vous prêtiez l'oreille, arriveront vers vous de tous les points du pays des plaintes déchirantes et d'horribles révélations.

Comment oublier cette enfant, Marguerite Droin, que l'on porte à l'hôpital d'Auxerre, le 10 septembre 1908 ? Elle souffre d'un eczéma à la figure : mais les infirmières ne lui donnent aucun soin. Placée près d'une porte, elle contracte un rhume qui bientôt dégénère en bronchite. Pour tout remède, elle ne reçoit toujours que des injures et des brutalités. Une infirmière lève même le balai sur elle en lui criant : « Petite pourrie! Petite fumier! Si je pouvais donc te finir ! » La pauvre enfant meurt après une longue agonie, et ses parents ne sont avertis que le lendemain. (*La Bourgogne* citée par le *Nouvelliste de Bordeaux*, 3 octobre 1908.)

N'avez-vous pas encore présent à la mémoire le fameux Thabuis, cet infirmier bandit qui opérait à l'asile de Saint-Ylié, près Dôle ? En moins de neuf jours et sans éveiller seulement l'attention des médecins, il étrangle froidement cinq malheureux incurables, confiés à ses soins !... Savez-vous pourquoi ? Uniquement pour gagner la pièce de vingt sous qu'il gagnait à creuser leur fosse et qu'il ne tardait point à convertir en alcool. (*Univers*, 17 décembre 1909.)

A la colonie pénitentiaire de Belle-Isle, une mort d'enfant, du pupille Reteau, oblige le parquet de Lorient à faire une enquête qui est, paraît-il, accablante pour le directeur très laïque (*Croix*, 17 février 1911.)

A la colonie pénitentiaire de la Couronne, dans la Charente, c'est un pupille aussi, le jeune Albert Beneteau, que l'on enferme au cachot pendant vingt et un jours.

Il fait froid, il gèle, et l'enfant a les pieds tellement glacés sur le bitume de sa cellule qu'il doit déchirer sa couverture pour les envelopper. Après vingt et un jours de cet atroce martyre, l'enfant a les pieds gelés. La gangrène s'y met; on le transporte à l'hôpital d'Angoulême où, vendredi, on lui amputait le pied droit, au-dessus de la cheville. L'autre pied est également menacé. (*Croix*, 17 février 1911.)

Que pouvaient devenir les malades dans l'asile désormais légendaire de Montperrin, en ce champ clos et muraillé où tant d'appétits insatiables et rivaux se livraient à des luttes acharnées ? Qui nous dira tous les horribles secrets que maints cadavres ont emportés avec e   dans la tombe ?

Et cet asile des Vermireaux, qui fut un vrai bagne d'enfants !... Je lis dans la *Croix* du 27 juillet 1911 :

Quand les directeurs et administrateurs ont bien brutalisé, frappé, martyrisé par le bâton, par la faim, par la vie dans l'ordure, ils se donnent entre eux, le soir, des fêtes où ils martyrisent par la dépravation : au sortir d'une de ces fêtes une jeune fille de la maison se suicidait de honte, après la contrainte ignoble qu'elle avait subie.

Rappelez-vous encore ce

... malheureux Lorident, un anormal de vingt-cinq ans qui, malade, tremblant de fièvre, fut enfermé, une nuit de février, avec une simple chemise sur le dos, dans une étable à porc à ciel ouvert. Le lendemain, quand on l'en retira, il était mourant. Quatre pupilles le portèrent au dortoir, où il expira dans la journée. (*Libre Parole*, 19 juillet 1911.)

Et il y avait des inspecteurs ! Et il y avait des contrôleurs ! Et il y avait des fonctionnaires de tous les grades à s'occuper des Vermireaux ! Il y en avait même qui s'appelaient des surveillants officiels ! Ils savaient tout. Mais si leur devoir était de parler, leur intérêt les obligeait à se taire : le pavillon maçonnique ne couvrait-il pas la maison ?

*
* *

Enfin, pour que rien ne manque au tableau, écoutez ce que nous apprenait le *Petit Journal* du 15 septembre 1910 :

Le Parquet de Marseille vient d'ouvrir une information sur un fait scandaleux qui s'est produit à l'Hôtel-Dieu de notre ville. Il s'agit d'un pauvre hère nommé Parfait Imbert qui, par suite d'une coupable négligence, faillit être enterré vivant, le 31 août dernier.

Ce malheureux avait déjà été mis en bière et son cercueil allait être cloué, lorsque, par suite d'une circonstance purement fortuite, on s'aperçut qu'il respirait encore. Imbert fut transporté à nouveau dans la salle où il venait de laisser la place à un autre et il ne mourut que dans la soirée, douze heures après la constatation trop hâtive de son décès. L'instruction de cette affaire réserve, paraît-il, de graves surprises et c'est toute une série de scandales qui va être mise à jour.

Je dois ajouter pour votre édification que de telles atrocités sont, dans les hôpitaux de Paris, une monnaie courante. J'invoque ici le témoignage d'un médecin, dont le *Petit Bleu* a écrit :

L'homme ne peut être suspecté : il s'appelle le docteur Séverin Icard, et il vient de recevoir le Prix Durgate en récompense de son volume : *La constatation des décès dans les hôpitaux.*

Puis le journal antireligieux de Bruxelles poursuivait en ces termes :

Les faits relevés par le docteur Icard pourraient servir de thème à un conte d'Edgard Poë... Ils ne seraient point déplacés sur la scène du Grand Guignol...

Ce médecin Tant-Pis avoue crûment que les docteurs n'interviennent jamais pour la constatation des décès dans les salles des malades. Le premier infirmier venu peut affirmer que la mort est totale et le corps est aussitôt transporté sur les dalles où on vous l'ouvre proprement d'un grand coup de bistouri...

Ni chef de service ni interne ne vérifient la réalité du décès. Le docteur Icard va plus loin... Il cite des hôpitaux où, pour gagner du temps, les infirmiers commencent toujours l'ensevelissement du moribond pendant qu'il entre en agonie!

Ce médecin a vu, de ses yeux vu, le corps d'un enfant étendu sur la table d'autopsie et dont le cœur battait encore deux heures après qu'il avait été déclaré mort...

A l'Hôtel-Dieu, un cholérique ressuscita sous le couteau du chirurgien, qui était en train de lui découdre le ventre, à seule fin de savoir exactement ce qu'il y avait dedans...

L'autopsie et la dissection sont pratiquées sans aucun souci des délais légaux ; et le savant docteur estime à dix pour cent le nombre des malheureux qui se trouvent ainsi achevés par le scalpel des opérateurs... Il estime à vingt pour cent le nombre des malades enterrés vivants et qui se réveillent entre les quatre planches de leur cercueil!...

De telles constatations font frémir et je ne sais point d'histoire plus macabre que celles qui foisonnent dans le rapport de M. Icard... Après avoir signalé le mal, il s'occupe, du reste, de trouver le remède... Ce remède donne tout simplement la chair de poule... Pour éviter que l'on charcute tout vivant, le praticien, conseille à ses confrères d'injecter au *décédé présumé* de la strychnine à haute dose, ou, mieux encore, de lui percer le cœur avec une longue aiguille... On serait certain ainsi d'éviter, de sa part, toute réclamation *in extremis* sur la dalle mortuaire.

J'ai rappelé que l'ouvrage du docteur Icard avait été couronné du Prix Durgate, ce qui en confirme la valeur... Mais ce qui est particulièrement suggestif, c'est que M. Mesureur lui-même s'est ému.

Il vient d'adresser une circulaire à tous les médecins en chef en leur enjoignant de faire, à l'avenir, constater les décès par un docteur de service ou par un interne de garde...

Je dirai peut-être un jour aux lecteurs du *Petit Bleu* à quoi s'amusent les internes des hôpitaux. Je montrerai les infirmiers buvant le vin accordé parcimonieusement à certains malades et introduisant leurs « amies » jusque dans les cantines. J'ai démontré autrefois comment d'infortunés opérés avaient eu la plante des pieds brulée par des bouillottes brûlantes, oubliées contre leurs orteils... Comment des malheureux pouvaient mourir près des vivants, râlant toute la nuit, sans que personne daigne se déranger pour les secourir en temps utile, ou leur faciliter le passage fatal... J'ai été jusqu'au fond du cercle du Dante, et j'ai forcé M. Mesureur, directeur de l'Assistance publique, à reconnaître, puis à désavouer ces horreurs...

Si j'en crois le docteur Icard, rien n'est changé... Comme par le passé, on hâte la fin de ceux qui mettent trop de temps à mourir; et, pour débarrasser les lits, on ouvre les moribonds comme de simples lapins d'expériences, alors qu'ils respirent encore.

Les hôpitaux français sont la honte du régime.

Que disent ici nos grands humanitaires ? Vous pouvez tendre l'oreille, vous pouvez interrogez tous les points de l'horizon socialiste et révolutionnaire; il n'en sortira jamais une parole de blâme contre tous ces monstrueux assassinats. M. Jaurès versera des larmes de crocodile sur des grévistes qu'un officier cravache, quand ils essaient de le jeter en pâture à des brutes avinées. M. Rouanet s'attendrira sur des nègres qui ne peuvent manger à leur fantaisie nos explorateurs et nos soldats. Mais ces horreurs d'hôpital, où se tordent, dans la pourriture et le désespoir, d'humbles enfants du peuple, laissent froid leur humanitarisme. Condamner ces infamies, ne serait-ce pas enfoncer dans le Bloc un coin mortel ? Le Bloc avant tout, même avant la vie de nos malades ! Pourvu qu'ils meurent sans le prêtre et sans Dieu, pourvu que la voirie nous débarrasse à temps de leur cadavre, tout va bien. Nos superbes messieurs de la Sociale garderont pour d'autres infortunes leurs théâtrales émotions. Non, jamais le paganisme n'afficha, de manière aussi répugnante, son mépris pour le bétail humain.

CONCLUSION

Maintenant qui de vous, Mesdames et Messieurs, ne souscrirait à ce jugement du Dr Desprès : « La prétendue laïcisation est une affreuse blague. » Il parlait ainsi dès 1884.

Qui de vous songerait à contredire cette forte pensée de J. de Maistre : « L'impiété est canaille. » Nous venons de la voir à l'œuvre. Et ne vous semble-t-il pas à présent que nos laïcisateurs d'hôpitaux méritent de prendre place à côté des plus noirs scélérats ? Quel assassin porta jamais sa tête sur l'échafaud pour avoir fauché plus de vies ?

Pourtant que savons-nous ? Presque rien. N'oublions pas, en effet, que la porte des hôpitaux laïcisés est tenue sévèrement close. Ne vous souvient-il pas d'avoir lu dans les journaux que, le 2 mai 1905, M. Rodet, ceint de son écharpe, se présentait à l'hospice de Salins, dans le Jura, et demandait à le visiter ? Il le demandait *en sa qualité de premier adjoint, faisant fonction de maire et de président de la Commission administrative.* L'économe, d'un ton impérieux, lui refusa l'entrée; et comme M. Rodet faisait mine de s'avancer, il fut, malgré son écharpe, appréhendé, bousculé et brutalement jeté à terre. (*Le Salinois*, cité par la *Croix* du 10 mai 1905.)

Que se passe-t-il donc derrière ces murailles pour qu'on

le cache avec une telle jalousie ? Les brigands ne montent pas mieux la garde autour de leurs repaires.

Mais nous en connaissons assez pour dire au prolétaire, usé de fatigue et brisé par l'âge : « Meurs où tu voudras, mon pauvre vieux, mais pas là... C'est pis que le dessous des ponts où l'on peut encore rencontrer un bon chien !... Ça, c'est le bagne des pauvres ! »

Autrefois, nous avions l'Hôtel-Dieu : aujourd'hui, nous avons le bagne.

Ce bagne, à qui le devons-nous ? A l'affreuse politique. Il y a déjà longtemps que le Dr Després disait :

Cette question de laïcisation a été pour la plupart de mes collègues une plate-forme électorale. J'entends encore ce mot que me disait M. Pichon, quand il était conseiller municipal : — Vous avez absolument raison. Mais que voulez-vous ? Nous ne pouvons, nous autres radicaux, lâcher la question de la laïcisation, parce qu'alors les opportunistes la prendraient.

C'est cela ! Qu'importe la vie des malades, pourvu que nous gardions l'assiette au beurre ? Quel cynisme dégoûtant !

Oui, ajoutait le Dr Després, le renvoi des Sœurs, la santé de nos malades pauvres, pure affaire de politique !

Séverine elle-même ne pensait pas autrement, lorsque sous le nom de Renée, elle écrivait dans le *Gaulois* :

C'est l'éternel jeu de balançoire qui fait que, chaque fois que la misère devient menaçante, on l'amuse avec des persécutions religieuses, et que, lorsque la foule crie : A l'eau les affameurs! la force armée jette à la rue des prêtres en soutane râpée...

Aujourd'hui, la grève surgit de toute part; des travailleurs, des travailleuses aussi, n'arrivent plus à alimenter suffisamment leur maigre machine à travail.

Quel remède trouvent nos maîtres ?...

Oh! c'est très simple! La laïcisation des asiles du Vésinet, des Quinze-Vingts et de Charenton.

Toujours le même système. Des ouvrières appellent à leur aide, on répond en chassant les Sœurs.

Eh bien! non, c'est fini, cette politique d'équilibristes qui n'abuse plus personne...

Mais cette horrible politique, nous ne l'avons pas toujours connue. Qui l'a déchaînée sur notre pays ? Sans doute je ne vous étonnerai pas, si j'en accuse la judéo-maçonnerie. Oui, c'est elle, la grande, la seule coupable ! C'est elle qui a tout inspiré; c'est elle qui a tout conduit; c'est elle qui, encore maintenant, est l'âme de toutes ces abominations. Plusieurs convents ne laissent aucun doute sur ce point.

Ah ! si en bourrant le peuple de formules et de notions incomprises, la primaire n'avait étouffé chez lui la puissance du raisonnement; si elle ne lui avait arraché son clair bon sens avec la foi; si elle n'avait fait de lui un troupeau suiveur et gobeur, que d'habiles charlatans mènent avec des mots ronflants et des phrases toutes faites, la tyrannie hypocrite et barbare qui, sous le nom d'anticléricalisme, martyrise toutes les faiblesses, toutes les infortunes, ne vivrait pas vingt-quatre heures.

Eh bien ! Voulez-vous servir la cause du pauvre et du malade ? Voulez-vous que les hôpitaux ne soient plus des bagnes, mais des Hôtels-Dieu ? Voulez-vous y ramener, avec la blanche cornette de nos Sœurs de Charité le dévouement et l'affection, le bonheur et la vie ? Travaillez de toutes vos forces à ruiner le pouvoir des francs-maçons; aux jours de nos grandes luttes, faites-leur mordre sans pitié la poussière des arènes électorales. Vous aurez ainsi bien mérité du peuple, de la religion et du pays.

IMP. P. TÉQUI, 92, RUE DE VAUGIRARD, PARIS

R. P. Joseph BURNICHON

DU LYCÉE AU COUVENT

1 vol. in-12. Prix . . . . 3 fr. 50

Le R. P. Burnichon s'est depuis longtemps fait connaître comme un penseur, un observateur judicieux, un critique sûr, un écrivain spirituel et distingué.

Le volume qu'il vient de publier renferme une série de questions diverses, mais qui touchent toutes à la question de l'enseignement et la plupart aux problèmes qui, dans ces derniers temps, ont passionné certains esprits et préoccupé les défenseurs de l'enseignement libre et chrétien. La chicane faite aux études classiques par des réformes sans cesse réformées, la laïcisation des écoles primaires, l'éducation à l'anglaise, la collection de faits substituée à l'enseignement classique et les méthodes nouvelles, les collèges chrétiens à propos de quelques critiques, l'enseignement secondaire des jeunes filles et le projet de Mme Marie du Sacré-Cœur, autant de chapitres du plus haut intérêt. On lira avec grand plaisir et ceux qu'intéressent le chant religieux, avec grand profit, les chapitres sur *l'école du Valentin* et sur une *vieille question de collège.*

Du même auteur :

L'Enseignement secondaire. In-8° 0 30
Retour aux champs. In-8° . . . . 1 "
Vie du P. Gautrelet. In-12 . . . . 3 50
La Réforme de l'Enseignement secondaire. 1 in-12 . . . . 0 75

PAUL KAR EN PÉNITENCE CHEZ LES JÉSUITES

CORRESPONDANCE D'UN LYCÉEN

3e édition. In-12 de 350 pages. Prix . . 3 fr. 50

Ces pages ne sont pas un roman, mais une histoire vécue. Aujourd'hui jaunies par le temps, elles sont d'un jeune homme qui raconte jour par jour ce qu'il a senti et vu, et le dit sans arrière-pensée. A une époque où le mot d'ordre est de courir sus aux Congrégations religieuses et aux Jésuites en particulier, ce témoignage d'un lycéen devenu leur élève n'en a que plus de prix et servira, n'en doutons pas, à ouvrir les yeux de ceux qui cherchent à s'éclairer de bonne foi.

Écrit dans un style à la fois enjoué et familier, ce journal contribuera à dissiper plus d'un préjugé.

(Bulletin de la Société générale d'Education.)

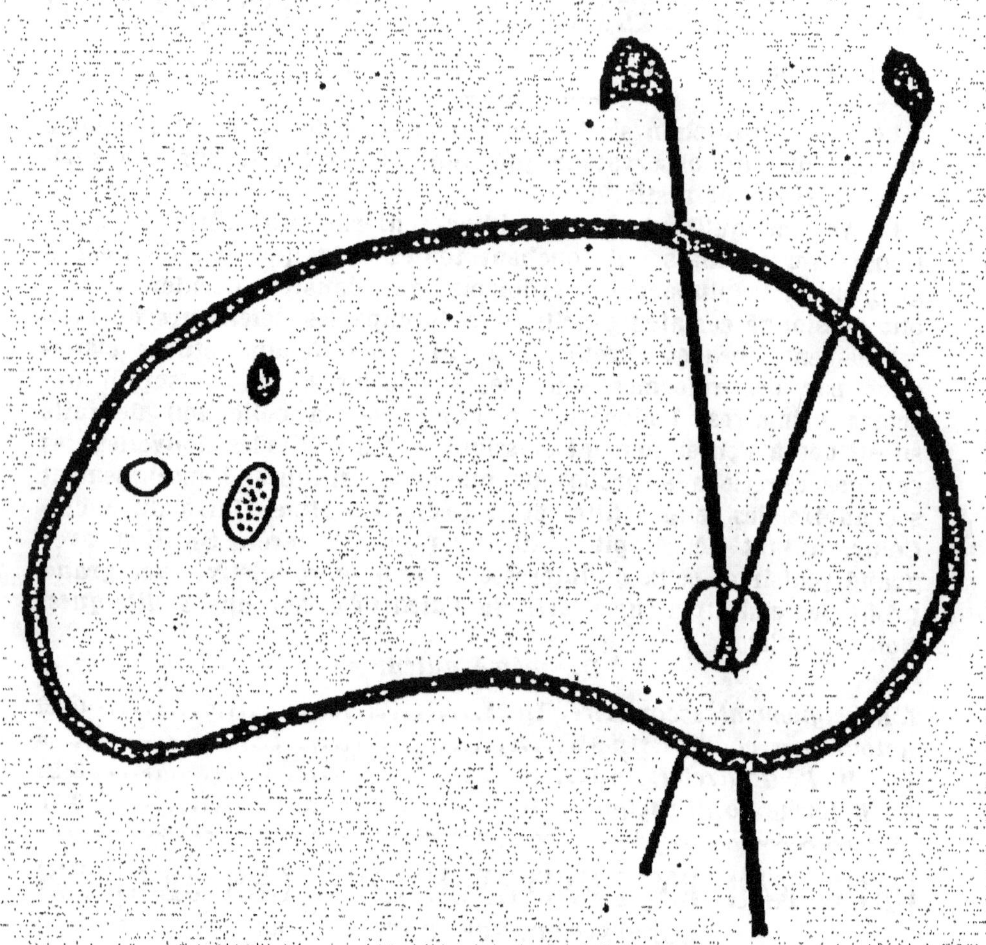

ORIGINAL EN COULEUR
NF Z 43-120-8